SPORT
VERLAG
BERLIN

Der Läufer für den Geher: Hartwig Gauder wird mit dem Rudolf-Harbig-Preis ausgezeichnet.

Hartwig Gauder

Die zweite Chance

Oder: Mein Leben mit dem dritten Herzen

Aufgeschrieben von Angelika Griebner

Sportverlag Berlin

Zweite Auflage

Lektorat: Julia Niehaus
Bildnachweis: Reebok, privat (3), Sascha Fromm (3), Christoph Höhne (2), M. Fromm, Wolfgang Kluge (2), Eberhard Thonfeld, Hans Rauchensteiner, Wolfgang Unger, Peter Kroh, Wolfgang Behrendt (2), Eva Schröder Oertwig, Deutscher Leichtathletik-Verband
Satz und Repro: LVD GmbH, Berlin
Druck und Bindung: Clausen & Bosse GmbH, Leck
Printed in Germany 1998
ISBN 3-328-00787-3

Die Deutsche Bibliothek – CIP-Einheitsaufnahme

Gauder, Hartwig:
Die zweite Chance oder: mein Leben mit dem dritten Herzen / Hartwig Gauder. Aufgeschrieben von Angelika Griebner. – 2. Aufl.– Berlin : Sportverl., 1998
ISBN 3-328-00787-3

Für Marion, Marcus und Isolde

Vorwort

*»Fürchte dich nicht, langsam zu gehen,
fürchte dich nur, stehenzubleiben!«*

Hartwig Gauders Lebensmotto kennzeichnet einen Mann, der aus den Höhen sportlicher Triumphe in die Tiefen einer lebensbedrohenden Erkrankung stürzte. Einer, der mit einem Spenderherzen überlebte und heute mit dem Kampfgeist des ehemaligen Olympiasiegers sein neues Leben anpackt – die zweite Chance.

Hartwig Gauder wurde im Deutschen Herzzentrum Berlin gerettet, einem Teil des Rudolf-Virchow-Klinikums. Genau dort habe ich selbst wenige Monate vorher meine eigene zweite Chance erhalten – als Patient auf der Warteliste für eine Lebertransplantation. Wie Gauder kam ich aus dem aktiven Sport, und wie er überlebte ich, weil irgendwo ein Mensch war, der in der Stunde des eigenen Todes bereit war, einem anderen neues Leben zu schenken.

Hartwig Gauder war einer der ersten, die mir Unterstützung anboten, als ich 1996 die Initiative »Sportler für Organspende« gründete – eine Aktion, für die sich einige der großen Stars des Sports zur Verfügung gestellt haben. Ob Steffi Graf oder Franz Beckenbauer, ob Jürgen Klinsmann oder Reinhold Messner, ob Andreas Köpke oder Franziska van Almsick, sie alle haben einen Organspenderausweis und stehen für diese Idee der Humanität und Solidarität.

Gauder gibt in seinem Buch eine fesselnde Schilderung seiner Erlebnisse als Hochleistungssportler und als Patient zwischen Leben und Tod. Er beschreibt seinen sportlichen Aufstieg und seine Erfahrungen als Sport-Star der ehemaligen DDR. Er erzählt, wie ihm seine »Leidenschaft für gute Bockwürste« den Weg zu seiner Marion ebnete. Und wenn er schreibt, daß er sich »nie einsamer gefühlt hat als in der Sterilität nächtlicher Krankenzimmer«, dann formuliert das nicht ein Schriftsteller mit Phantasie, sondern ein Mann, der gegen seine unheimliche Krankheit mit letzter Kraft angekämpft hat, auch gegen die Gefahren und Risiken nach der Transplantation.

Was mich aber an diesem Buch am meisten fasziniert hat, ist Gauders mitreißende Art, Probleme zu überwinden, und die Ernsthaftigkeit, mit der er seine Schlüsse aus einem noch jungen Leben zieht, in dem er schon durch alle Höhen und Tiefen gegangen ist. Seine Erzählung ist Motivation ganz eigener Art, ein Beispiel für analytisches Lernen aus Extremsituationen, ein Ratgeber und Mutmacher für alle, die um ihre Gesundheit kämpfen oder sich diese im Wissen um ihre Kostbarkeit so lange wie möglich erhalten wollen.

Wach und kritisch, vielseitig informiert und interessiert, positiv und konstruktiv, mitfühlsam und doch auch energisch – Hartwig Gauder ist ein Olympiasieger, der den Deutschen nicht nur Gold schenkte, sondern seinen Landsleuten in einer Zeit allgemeinen Klagens auch Signale der Zuversicht gibt.

Hans Wilhelm Gäb

vielfacher Deutscher Tischtennismeister, Ehrenpräsident des Deutschen Tischtennis-Bundes, Vizepräsident General Motors Europa, Vorsitzender des Aufsichtsrats der Adam Opel AG

African Herbsman

Song: Bob Marley
geschrieben von Richie Havens

Oh twinkling we
Can't see the right roads when the streets are big
That old slave mill might grind slow
But it grinds fine
African Herbsman why longer on
Just concentrate 'cause heaven lives on
Retire slave men will look with a scorn
With a transplanted heart
That's how quick they have to part
That's how quick

The remembrance of today
Sad feeling of tomorrow oh yeah
African Herbsman seize your time
Taking illusion on the edge of my mind
Taking loses down through my life
Down through my life yest
That's how quick
That's how quick

Do they part yes they part
In remembrance of today oh yeah
African Herbsman why longer on
Just concentrate 'cause heaven lives on
Retire slave men will look with a scorn

With a transplanted heart 'cause that's how quick
That's how quick

The remembrance of today sad feeling of tomorrow
Lead me oh Lord, Lord, Lord I pray
African Herbsman ...

Oh twinkling we
Can't see the right roads when the streets are big
That old slave mill might grind slow

But it grinds fine
African Herbsman seize your time
Just concentrate 'cause heaven lives on
Taking illusion on the edge of my mind
Taking loses down through their lives
Down through their lives
The African Herbsman ...

Afrikanischer Medizinmann

(Nachdichtung)

Oh, wir Blinzelnden
Können die richtigen Wege nicht sehen, wo die
Straßen weit sind
Die verdammte Sklavenmühle mag langsam mahlen
Aber sie mahlt gründlich
Afrikanischer Medizinmann, warum noch bleiben
Besinne dich einfach, der Himmel lebt weiter
Alte Sklaven werden mit Verachtung schauen
Mit einem verpflanzten Herzen
So schnell müssen sie gehen
So schnell

Die Erinnerung von heute
Trauriges Gefühl von morgen, oh ja
Afrikanischer Medizinmann, nutze deine Zeit
Nimm die Illusion aus meinem Denken
Nimm die Verluste, die mich ein Leben lang begleitet
haben
Mein Leben lang
So schnell
So schnell

Gehen sie auseinander, ja, auseinander
In Erinnerung an heute, oh ja
Afrikanischer Medizinmann, warum noch bleiben

Besinne dich einfach, der Himmel lebt weiter
Alte Sklaven werden mit Verachtung schauen
Mit einem verpflanzten Herzen, denn so schnell
So schnell

Die Erinnerung von heute trauriges Gefühl von morgen
Leite mich, oh Gott, Gott, Gott, ich bete
Afrikanischer Medizinmann …

Oh, wir Blinzelnden
Können die richtigen Wege nicht sehen, wo die
Straßen weit sind
Die verdammte Sklavenmühle mag langsam mahlen

Aber sie mahlt gründlich
Afrikanischer Medizinmann, nutze deine Zeit
Nimm die Illusion aus meinem Denken
Nimm die Verluste, die sie ein Leben lang begleitet
haben
Ihr Leben lang
Afrikanischer Medizinmann …

Am 30. Januar 1997, es ist ein Donnerstag, klingelt im Deutschen Herzzentrum Berlin um 10.30 Uhr das Telefon. Man habe ein »Angebot«, informiert EUROTRANSPLANT die zuständige Koordinatorin. Eilig notiert sie die Daten und leitet sie an den diensthabenden Oberarzt weiter. Nach einer kurzen Beratung instruiert er das abrufbereite Entnahmeteam. Ein Chirurg und eine Operationsschwester werden zum Zielort fliegen, das angebotene Spenderherz untersuchen und, sollte es für eine Transplantation geeignet sein, explantieren. Danach bleiben maximal drei Stunden, um es einem anderen Menschen einzupflanzen. Die Zeit drängt.

Während sich der Learjet in die Luft erhebt, geht Dr. Susanne Spiegelsberger zu dem auf den ersten Platz der Dringlichkeitsliste vorgerückten Patienten, um ihm die Nachricht selbst zu überbringen. Er ist durch alle Höllen gegangen, sie weiß es, und nun hängt sein Leben nur noch an einem seidenen Faden. Sein Name: Hartwig Gauder. Olympiasieger im 50-Kilometer-Gehen, Europa- und Weltmeister, Gewinner des Weltcups. Nicht das Naturtalent hat seine betreuende Ärztin beeindruckt, sondern die Kämpfernatur. Sie freut sich wie eine Katzenmutter, die ihr Junges gerettet hat, als sie die Tür zum Patientenzimmer öffnet und ihrem Schützling ankündigt: »Gauderchen, um 14.45 Uhr im Operationssaal.« »Heißt das Transplantation?!« »Ja, sieht gut aus, wir haben wahrscheinlich was …«

Zwei Wochen habe ich mir gegeben, vielleicht noch drei. Und jetzt diese Chance. Leben …

Was für ein Weg bis zu diesem Tag! Vor zwei Jahren merkte ich zwar, daß irgend etwas nicht stimmte, aber niemals hätte ich mir eine solche Talfahrt vorstellen können. Ich achtete auf meinen Körper, ernährte mich gesund, lebte sportlich und motiviert. Ich glaubte an meine Arbeit, hatte Erfolg und war überzeugt, daß alles so bleiben würde wie bisher. Daß das Leben unberechenbar sein könnte, wie ein Wirbelsturm, voller Einbrüche und Abbrüche, hatte ich durch sportliche Erfolge und Mißerfolge kennengelernt, diese allerdings nie als dramatische Schicksalsschläge empfunden. Ich war davon überzeugt, wenn das Schicksal richtig zuschlägt, dann nebenan. Doch auf einmal war ich selbst an der Reihe. Eine Krankheit, der Verlust von Lebensqualität. Und plötzlich war nichts mehr, wie es vorher war.

Diese Herzmuskelerweiterung warf einen immer größer werdenden Schatten auf mein Leben und verdunkelte die Sicht auf alles, was mir lieb und teuer war. Nichts ließ sich mehr planen, keine Arbeit, kein Wochenende, kein Urlaub. Ich befand mich in einer Krise.

Erlittenes Unglück oder existentielle Verunsicherungen verändern die emotionale Stimmungslage kolossal. Ich fühlte mich abgeschnitten von der Welt, zutiefst gekränkt, enttäuscht, ohnmächtig, minderwertig. Man fängt an, die Wirklichkeit verzerrt wahrzunehmen. Die eigenen Reaktionen sind oft sensibler und unangemessen. Schwer zu verstehen. Es war die größte Erschütterung, der ich mich jemals ausgesetzt sah.

Allmählich erkannte ich, daß es Dinge im Leben gibt, die man nur zu beeinflussen vermag, indem man sich die Frage nach dem Lebensinhalt stellt und ihn neu definiert. Eine Krise ist immer Ausdruck und Folge von

Veränderung. Sie kann zweierlei bedeuten – Gefahr oder Chance. Ich wollte die Chance und nahm den Kampf auf, indem ich zunächst Eigenschaften und Verhaltensmuster, die mir zu meinen sportlichen Erfolgen verholfen hatten, auf meine aktuelle Lebenssituation übertrug. Also, sagte ich mir, akzeptiere die veränderte Situation und nimm die Herausforderung an. Setz dir Ziele, selbst wenn diese kaum realisierbar erscheinen. Konzentrier dich auf deine Stärken. Bewahre auch in scheinbar ausweglosen Momenten einen kühlen Kopf. Bleib optimistisch, behalte deinen Humor, versuche dich fit zu halten.

Ich fing an, neu zu planen, jeden Tag, jede Woche. Anfangs wollte ich die Krankheit unbedingt aus eigener Kraft bezwingen. Dann half nur noch ein Kunstherz, und natürlich hoffte ich, darauf verzichten zu können, sobald sich mein eigenes Herz erholt hätte. Vergeblich. Ende September 1996 stand es fest: Nur eine Transplantation kann mich retten.

Dieser Diagnose mußte ich mich stellen, so schwer es mir auch fiel. Ich durfte mir nichts vormachen. Die Furcht, mein Herz zu verlieren, wandelte ich in Energie um. Anstatt mich zu bemitleiden, begann ich etwas zu tun. Nichts war mehr selbstverständlich für mich, und vieles, worauf ich vorher kaum geachtet hatte, wurde wertvoller. Äußerlichkeiten, wie zum Beispiel der Gesichtsausdruck, wirkten auf mein Umfeld. Lächelte ich, bekam ich auch ein Lächeln zurück, und mir fiel sofort alles leichter. Ich konzentrierte mich auf die angenehmen, aufbauenden Situationen meines Lebens. Diese Erinnerungen erwiesen sich als Oasen für mich, ohne daß ich mich an sie klammerte. Sie gaben mir einfach Kraft. Trotzdem, ohne meine Familie hätte ich es kaum bis hierher geschafft. Manchmal hatte ich mehr Angst um meine Frau als um mich. Marion arbeitete mittwochs bis Mittag in ihrer Zahnarztpraxis und fuhr dann von Erfurt nach Berlin. Das wiederholte sich freitags, nur daß sie dann bis Sonntag in meiner Nähe blieb. Meist begleitete Marcus, unser Sohn, sie an den Wochenenden. Und wenn er mal gerade kein Fußballspiel hatte, kam auch meine Schwiegermutter mit, die sich sonst um ihn kümmerte. Das ist eine Superunterstützung für mich gewesen, unwahrscheinlich wichtig. Aber ich hatte eine Wahnsinnsangst, daß Marion sich übernimmt oder etwas passiert. Wenn sie zurückfuhr, hab ich sie zwischendurch über Handy angerufen. Eine Zitterpartie! Es hat mich unheimlich erleichtert, endlich zu hören: »Alles klar, bin zu Hause. Schlaf gut.«

Meine Verfassung war ja sehr unterschiedlich, manchmal ging es mir so mies, daß es sie sehr bedrückt haben muß. Doch sie brauchte das. Sie mußte mich sehen und mußte sich selber überzeugen, wie es um mich stand. Telefon hat ihr nicht gereicht. Ich konnte mich auch nicht dagegen wehren. Einige Male habe ich mit Isolde, meiner Schwiegermutter, Pläne geschmiedet, um sie auszutricksen und zu einer Ruhepause zu zwingen – umsonst. Aber es hat mir extrem geholfen.

Als wir uns Weihnachten in einem Berliner Hotel einmieteten, war das für mich ein Lichtblick, obwohl ich mich nur stundenweise dort aufhalten konnte und anschließend wieder ins Herzzentrum zurückkehren mußte. Ich hatte ja schon Blutungen, ich war schwerkrank. Trotzdem habe ich die Atmosphäre sehr genossen. Ständig umgab uns eine Geräuschkulisse, so daß mein Kunstherz kaum zu hören war. Nach einem Spaziergang saßen wir einmal beim Italiener in der Nähe des Brandenburger Tores, ganz entspannt, wir waren die einzigen Gäste. Im Hintergrund spielte leise Musik, aber wir achteten nicht darauf, bis der Kellner erschien, zur Decke schaute und kopfschüttelnd ging. Als er wiederkam und erneut so irritiert guckte, war mir klar, warum. Ich beruhigte ihn und zeigte auf meine Apparatur: »Das bin ich.« »Ach«, atmete er auf, »ich dachte schon, die Lautsprecher wären kaputt.« Wir haben uns ausgeschüttet vor Lachen. Es war ein schönes Weihnachtsfest, trotz alledem. Vom Hotel »Esplanade« aus haben wir eine Brückenfahrt auf der Spree unternommen. Die frische Luft, der glitzernde Schnee, das Eis, ich hab alles in mich hineingetrunken. Nicht gierig – genußvoll. Ich bin sogar zum Kapitän gegangen, um mich von ihm zu verabschieden. Wenn ich transplantiert sein werde, versprach ich ihm, werden wir die Fahrt auf seinem Schiff wiederholen.

In der Silvesternacht war mein einziger Wunsch, daß mein körperliches Leistungsvermögen so bleibt wie zu diesem Zeitpunkt. Worauf hätte ich sonst hoffen sollen? Man kann sich nicht wünschen, transplantiert zu werden, weil dann ein anderer Mensch sterben muß. Damit hat man sich auch auseinanderzusetzen. Ich könnte mich nicht hinstellen und im Fernsehen um ein Spenderherz bitten. Sicher, es ist ein Verzweiflungsschritt, aber das verbietet sich für mich. Man darf es einfach nicht, weil es mit einem anderen Schicksal verbunden ist.

Mein Silvesterwunsch sollte sich nicht erfüllen. Wenige Tage später fing es an, massiv aus dem Seitenkanal, durch den der Kunstherz-Schlauch führte, zu bluten. Da stand für mich fest: Jetzt wird's absolut eng. Die Ärzte rätselten. Um die Ursache genau zu ermitteln, hätten sie alles aufmachen müssen. Aber das Risiko war zu groß.

Ich wußte von einem anderen Patienten, daß dies einer der alarmierendsten Momente ist. Ich wußte auch, daß er danach nur noch drei Wochen Zeit hatte, bevor er starb. Mir blieben vielleicht sechs Wochen. Auf keinen

Fall wollte ich mich unterkriegen lassen. Die Wunde wurde steril verbunden, und ich lief weiter herum, stieg aufs Ergometer, besuchte die anderen. Nicht die Wunde setzte mir zu, sondern das Wissen darum, welcher Weg mir nun vorgezeichnet war.

Ich versuchte, auf Morphine weitestgehend zu verzichten. Einmal hatte ich den ganzen Tag durchgehalten, hätte dann aber vor Schmerzen auf allen Vieren kriechen können. Ausgerechnet in dieser Situation hielt mir ein Arzt einen Vortrag über Sucht, Abhängigkeit und Doping. Da hab ich die Fassung verloren. Psychisch war ich an einem Endpunkt angelangt, ganz weit unten. Es ist mir so nahegegangen, daß die Morphiumspritze überhaupt nicht wirkte und es Stunden dauerte, bis ich mich halbwegs fing. Die Ruhe danach war nur äußerlich und von mir erzwungen. Ich brauchte lange, um wieder zu einem inneren Gleichgewicht zu finden. Vielleicht hätte ich mich schneller in den Griff bekommen, wenn andere nicht versucht hätten, mich zu trösten. So jedoch saß ich wie das heulende Elend auf meinem Bett, unfähig, irgend etwas zu sagen oder zu tun.

Durch den Sport ist man es ja gewöhnt, sich Schmerzen auszusetzen. Und wer das ständig tut, der setzt die Schmerzschwelle natürlich auch höher. Meine Schmerzschwelle ist extrem hoch. Ich empfinde Schmerzen erst ab einem bestimmten Punkt, dann aber gleich so massiv, daß andere es gar nicht mehr aushalten könnten.

Die Beschwerden traten besonders stark im Herzbereich auf und im Bauchraum, wo das Kunstherz implantiert war. Ich hatte permanent Kopfschmerzen, monoton, auf einer ganz hohen Ebene. Schrill und schreiend. So extrem tut einem der Körper nicht einmal nach 168,3 Kilometern Gehen weh. Manchmal lag ich reglos im Bett, hielt die Luft an und dachte, jetzt bloß nicht bewegen, sonst wird's noch schlimmer. Es ging einfach darum, schmerzfrei zu atmen, zu lesen oder ein Stückchen weiterzuarbeiten.

Bei DDR-Sportlern wird vor jeder Pressekonferenz gecheckt: Hat der gedopt? Können wir den ins Präsidium setzen? Soll er überhaupt eingeladen werden? Dieser Haltung begegnete ich auch bei jenem Arzt. Man trägt einen Stempel, den man ganz schwer los wird, selbst wenn man, wie ich, nie eines dieser Präparate genommen hat. In dieser extremen Lage hätte ich meinem Körper doch einen Bärendienst erwiesen, wenn ich Dopingmittel verschwiegen hätte!

Es war eine harte Zeit. Ich konnte sie nur ertragen, indem ich an meinem Konzept für ein Vitalitätszentrum arbeitete, sehr viel las, telefonierte, schrieb, mit Marcus Englisch-Vokabeln durchging, Musik hörte und mich um Patienten kümmerte, die noch schlechter zurechtkamen. Anderen helfen zu können, wenn man selbst in Not ist, hilft einem selber. Nie war mir das bewußter als in diesen endlosen 120 Tagen im Herzzentrum.

Die meisten Patienten sind verunsichert, unbeholfen und verändern sich in ihrer Wesensart grundlegend. Viele sind stark auf sich fixiert. Aber es gibt auch Ausnahmen. Leo zum Beispiel. Er hatte eine ganz schwere Kindheit, Poliomyelitis, ist am Kunstherz und wartet auf eine Transplantation. Er versucht, allen anderen zu helfen. Seine erste Frage ist immer: Brauchst du etwas? Soll ich dir was mitbringen? Er schleppt so einen Riesenkasten mit sich herum, kann gar nicht raus, würde aber seine Frau bitten, alles zu besorgen. Das ist Leo. Und den find ich eben toll. Ich hab zu ihm gesagt: »Leo, du bist wie ein Hochleistungssportler.« Mit seiner Behinderung kann er keinen Sport treiben, aber er hat enorm viel Courage.

Die älteren Jahrgänge bewundere ich sehr. Einer war 70, Richard. »Ich muß auf«, trieb er sich an, »sonst bleibt man immer liegen.« Mit ihm hab ich mich viel unterhalten. Richard hat den Krieg miterlebt, Heimat und Angehörige verloren, Hunger gelitten, Entbehrungen durchgestanden, sich alles hart erarbeiten müssen, und das hat ihn natürlich geprägt. Es gab zwei Krankenhäuser, in die er nach der Operation auf keinen Fall wollte, aber ausgerechnet in eines der beiden sollte er. Er heulte, für ihn brach eine Welt zusammen. Ich fragte ihn ganz bestürzt: »Was ist denn los?« »Da ist mein Freund vor einem dreiviertel Jahr gestorben. Dahin gehe ich nicht.« Ich mußte ihn erstmal motivieren und hab ihn auch gleich in dem neuen Krankenhaus angerufen. Alles war wunderbar: das Zimmer, die Ärzte …

Mit einem anderen Patienten kam ich zufällig auf Bad Düben zu sprechen; ich hatte mich so nebenbei danach erkundigt, ob er die Kureinrichtungen kenne – und er brach in Tränen aus. Er hatte gemeinsam mit seiner Frau zur Rehabilitation dorthin fahren wollen. Aber als er zur Operation ins Krankenhaus ging, nahm sich seine Frau aus Angst, er könnte sie nicht überstehen, das Leben. »Wir waren ein Herz und eine Seele«, erzählte er mir.

Am schlimmsten erging es jenen Patienten, die als nicht mehr transplantationsfähig eingestuft wurden. Sie mußten sterben, weil ihre körperliche Konstitution so schlecht war, daß sie nicht einmal mit einem Spenderorgan überlebt hätten. Einige waren auch in meinem Zimmer. Die Frau eines Mitpatienten hatte mich gebeten, mit ihrem Mann zu sprechen, um ihn etwas aufzurichten. Er lag im Bett und weinte wie ein Kind. Da mußte ich ihn einfach berühren. Aus einem Gefühl heraus. Wir schwiegen eine Weile, dann hab ich ihn gefragt, ob ich ihm helfen kann oder ob ich etwas für ihn erledigen soll. Ich wollte irgend etwas für ihn tun, was ihn vielleicht hätte trösten können. Es hat geholfen. Aber es ist nicht leicht, immer wieder hinzugehen und das Elend mit ansehen zu müssen, ohne es aufhalten zu können.

Wir wissen nie, was uns ein Tag im Herzzentrum bringt. Nur die Morgen verlaufen hier so, als hätten sie die Monotonie der ganzen Welt gepachtet. Stets der gleiche Ablauf: Wecken, Blutentnahme, Frühstück ... Mein Bettnachbar und ich versuchen immer, es ein bißchen gemütlicher zu gestalten. Ohne dieses Ritual wären wir der nervlichen Belastung mit dem Kunstherzen oft weniger gewachsen gewesen.

Heute haben wir das Frühstück besonders lange ausgedehnt, obwohl wir natürlich überhaupt nicht ahnten, was auf uns zukommt. Jörg war guter Dinge, wir redeten noch über dies und das, als Oberarzt Dr. Johannes Müller gegen 8.30 Uhr unser Zimmer betrat. Er fragte mich, ob er eine Echokardiographie machen, das heißt mein Kunstherz für einige Minuten abstellen könne, um zu prüfen, wie das eigene Herz ohne diese Unterstützung funktioniert. Aber ich lehnte es ab. Jedesmal, nachdem das Kunstherz abgeschaltet worden ist, haben sich meine Probleme und Schmerzen noch verstärkt. Es hatte ein totales Versacken des Blutes zur Folge. Der Blutdruck war so niedrig, daß ich stets einer Ohnmacht nahe war. Ich fürchtete das Schlimmste. Deshalb weigerte ich mich: »Ich möchte nicht, daß es schon wieder untersucht wird. Es bleibt jetzt bei der Variante Transplantation. Alles andere ist für mich sowieso nicht mehr relevant.«

Natürlich deutete nichts darauf hin, daß mir meine betreuende Ärztin Dr. Spiegelsberger schon drei Stunden später die entscheidende Nachricht überbringen würde.

Ich hatte meine Sorgen und Befürchtungen ohnehin vergessen, als bei meinem Bettnachbarn das Kunstherz abgestellt wurde und sich das Ergebnis als phantastisch erwies. Sein Kunstherz sollte nach nur sechs Wochen wieder explantiert werden, weil sich das eigene Herz geradezu sensationell erholt hatte. Jörg freute sich wie ein Schneekönig, ich freute mich mit ihm, und er ging strahlend in den Physiotherapieraum, um dort seine Atem- und Haltungsübungen zu absolvieren.

Ein verrückter Tag, dieser 30. Januar ... Erst die frohe Botschaft für meinen Bettnachbar und dann auch noch eine für mich. Ich kann es kaum erwarten, es Jörg zu erzählen. Wo bleibt er nur?

Gegen 12.00 Uhr betreten Oberschwester Helena und zwei Krankenschwestern das Zimmer 4 im Deutschen Herzzentrum Berlin. Sie rücken die Kontrollgeräte beiseite und erklären: »Wir brauchen dringend ein Bett.« »Aber das ist doch Jörgs Bett«, wendet Hartwig Gauder ein. »Ja, wir brauchen es«, antworten sie und bitten ihn aufzustehen, damit sie Platz schaffen und besser rangieren können. Geräuschvoll verlassen sie den Raum. Gauder legt sich irritiert hin. Nach wenigen Minuten kehren sie zurück. Das Bett wird hereingeschoben – mit Jörg. Apoplex, heißt es. Er wirkt wie gelähmt, kann nichts mehr, keinen Arm heben, kein Bein, nicht sprechen, nur die Augen sind offen. Im Zimmer herrscht plötzlich ein hektisches Treiben. Ärzte und Schwestern rufen sich etwas zu, bemühen sich um Jörg, untersuchen ihn. »Sofort zur Computertomographie!« ordnet ein Arzt an. Blitzschnell rollen sie das Bett wieder hinaus. Die Tür fällt hinter ihnen zu. Hartwig Gauder bleibt allein zurück. Entsetzt. Wie erstarrt. Und niemand kommt.

Ich fasse es nicht. Wie konnte das geschehen?! Erst eröffnen sie ihm, er werde in den nächsten Tagen explantiert, und eine Stunde später klappt er zusammen. Schlaganfall! Ich fasse es einfach nicht. Was wird nun? Um 14.45 Uhr soll ich in den Operationssaal. Vielleicht klappt es, vielleicht auch nicht. Nichts ist gewiß. Diese Lektion habe ich gelernt.

Als Hochleistungssportler hätte ich sie niemals akzeptiert, jedenfalls nicht für mich. Nachdem ich alle Siege errungen hatte, die ein 50-Kilometer-Geher erringen kann, entschied ich mich 1993 für den Ausstieg. Ich wollte mich meiner Familie widmen und endlich mein Architekturstudium in Weimar zum Abschluß bringen. Natürlich hätte ich trotzdem nicht auf den Sport verzichten können. Jeder wußte das. Deshalb überraschte es mich nicht, als mich der Präsident des Rennsteiglaufs fragte, ob ich nicht Lust auf etwas ganz Verrücktes hätte. Es ging um einen Langstreckenrekord. Seit dem 18. Jahrhundert hatten Menschen versucht, über den Thüringer Rennsteig zu laufen, 168,3 Kilometer, nonstop. Keinem war es gelungen. Es schien unmöglich. Ende April 1994 sollte eine sechsköpfige Gruppe, zu der auch ich gehörte, an den Start gehen und das Gegenteil beweisen. Wir walkten oder wanderten. Nach genau 37:21 Stunden kamen wir an. Geschafft! In jeder Beziehung. Seither stehen wir im Guinness Buch der Rekorde.

Vorher und unterwegs wurden wir gründlich von Ärzten der Jenaer Universität untersucht: Körper- und Knieerwärmung, Streßhormone, Ernährung, Vitamine, Herzfrequenz, Kreislauf … Bei mir stimmte alles. Ich war auf dem Rennsteig zwar eineinhalb Zentimeter kleiner geworden, aber völlig gesund, nachweisbar.

Einige Monate später, im Herbst, registrierte ich während des Abtrainierens eine bleierne Müdigkeit. Gleichzeitig litt ich unter Schlaflosigkeit. Beim Laufen konnte ich plötzlich keinen Berg mehr hochrennen. Früher gab's für mich auf Straßen sozusagen kein Schlagloch. Jetzt schien ich in einem zu stecken, aus dem ich nicht herausfand. Es war wie verhext. Mein Leistungsabfall irritierte mich. Natürlich wollte ich mir das nicht durchgehen lassen. Hatte ich vielleicht zu wenig abtrainiert? Als dann sogar Nasenbluten und bald auch noch Unterbauchbeschwerden hinzukamen, führte ich dies auf den Studienstreß zurück. Der war nicht von der Hand zu weisen, schließlich arbeitete ich fast rund um die Uhr und wollte sämtliche Prüfungen für das Vordiplom absolvieren.

So oder so, ich hätte die Symptome ernster nehmen müssen. Und auf keinen Fall hätte ich das Pensum beim Abtrainieren erhöhen dürfen. Während der Semesterferien im März 1995 ging ich endlich zum Arzt, viel zu spät. Das Elektrokardiogramm zeigte bedenkliche Veränderungen an. Im September wurde bereits davon gesprochen, daß ich wahrscheinlich in vier bis fünf Jahren transplantiert werden müßte. Konventionell sei die Kardiomyopathie, eine Erkrankung des Herzmuskels, bei mir nicht mehr zu stoppen. Die Ärzte diagnostizierten eine Virusinfektion. Ein Schaden durch den Leistungssport wurde ausgeschlossen, allerdings hatte mein forciertes Abtrainieren den Zustand verschlimmert. Ich hatte den Körper, also auch den Herzmuskel, zu intensiv mit Sauerstoff versorgt, das bot Bakterien und Viren eine optimale Vermehrungsgrundlage.

Alles in mir wehrte sich gegen die Prognose. Trotzdem kam der Tag, an dem ich mich im Deutschen Herzzentrum auf dem Gelände des Berliner Virchow-Klinikums vorstellen mußte. Es war der 20. Dezember 1995. Wenn ich behaupten würde, ich hätte das Gebäude damals mit gemischten Gefühlen betreten, so wäre es stark untertrieben. Ich unterschrieb zwar den Aufnahmeantrag, aber von einem Schrittmacher wollte ich nichts hören. Ganz zu schweigen von einer Transplantation. Die Verantwortung für meinen Körper ließ ich mir nicht abnehmen. Ich hatte sehr viele Bücher über die Krankheit gelesen und wollte genau wissen, warum ich welche Medikamente nehmen sollte. Obwohl ich kämpfte wie verrückt, verschlechterte sich mein Zustand rapide. Meine Herzleistung sank auf 16 Prozent. Ich schlich nur noch herum. Nichts ging mehr.

Vor die Alternative Kunstherz oder Transplantation gestellt, entschied ich mich für ein Kunstherz. Die Ärzte sprachen von einer Überbrückungsvariante bis zur Transplantation. Ich sah eine Chance, das eigene Herz stabilisieren und wieder explantiert werden zu können. Gespräche mit Professor Roland Hetzer, dem Chef des Deutschen Herzzentrums, hatten mir über den Punkt der totalen Abwehr hinweggeholfen und mich in der Entscheidung bestärkt. Sie war notwendig.

Nachdem ich Prospekte über die verschiedenen Kunstherzmodelle studiert hatte, ließ ich mir das amerikanische TCI-System bringen und untersuchte es gründlich. Ich schraubte es auseinander, betrachtete das Innenleben, das Verhalten der Pumpe. Dann bastelte ich alles wieder zusammen und legte es mir zur Gewichtsprüfung zwei bis drei Stunden auf den Bauch. Mit den Schläuchen zum Herzen und zur Aorta wog die Apparatur 1193 Gramm. Furchtbar schwer, kalt und fremd. Aber alles sprach für dieses Titanherz.

Es war das einzige System, das bei einem Ausfall sofortige Rettung durch eine Handpumpe ermöglichte und das die Einnahme von Blutgerinnungsmitteln erübrigte. Außerdem konnte ich mich fast acht Stunden mit einem Doppelpack Batterien bewegen, wenn ich Ersatzbatterien mitnahm, sogar länger, ohne ständig auf die Steckdose oder das Hauptgerät angewiesen zu sein. Die Batterien ließen sich gut tragen; sie waren wie in einem amerikanischen Schulterhalfter auf zwei Seiten verteilt, Pistolengurten nicht unähnlich. Später geriet ich dadurch in die komischsten Situationen, doch so kurz vor der Operation konnte ich über das Bild, das ich eines Tages abgeben würde, noch nicht lachen.

Ostern 1996 wurde mir das Kunstherz implantiert. Alles lief glatt bis zur Inbetriebnahme. Plötzlich versagte die rechte Herzkammer samt Vorhof, sie gingen auf wie ein Luftballon. Höchste Alarmstufe. Ich wurde in ein künstliches Koma gelegt. Ein Kampf auf Leben und Tod begann.

Niemals werde ich meine Alpträume vergessen …

Grelle Farben durchblitzten mich. Eine Zirkustruppe tanzte durch meinen Kopf, bot atemberaubende Vorstellungen, doch immer gingen sie mit Angriffen auf mein Leben einher. Plötzlich tauchte Uri Geller auf. In panischer Angst wartete ich auf seinen Anruf aus der Schweiz, aber er meldete sich nicht, und niemand konnte ihn finden. Er war auf einem Ball. Später hörte ich die Stimmen zweier Pfleger. Der eine sagte: »Hier, übernimm bitte den Giftschlüssel.« »Wieso Giftschlüssel?« fragte ich, und er antwortete: »Wir wollen Sie vergiften.« Ich war schockiert: »Wieso mich vergiften?!« Er, ganz ungerührt: »Weil es so sein muß.«

Nun begann ich, mich ständig gegen alles zu wehren. Ich bildete mir ein, einen bestimmten Schlauch schütteln zu müssen, damit das Gift aus meinem Körper fließe. Also schüttelte ich, wenn ich merkte, daß ich ohnmächtig wurde. Sobald sich das ankündigte, sah ich buchstäblich rot, grellrot, blutrot. Spinnwebartige Linien zogen sich durch dieses grelle Rot, wie Risse durch berstendes Eis, und plötzlich erlangte ich das Bewußtsein wieder.

Eine schwarze Katze mit menschlichem Gesicht, die meine Beatmungsmaschine abzustellen versuchte, geisterte durch die Alpträume. Szenen aus dem Leben eines Bekannten jagten an mir vorbei, wie ein Auto, über das der Fahrer die Kontrolle verloren hat. Er starb, und ich konnte nichts dagegen tun. Dann phantasierte ich, schnell verlegt werden zu müssen. Unser Weg führte durch einen schwarzen Tunnel, der sich wie ein Schlund an der Decke auftat. Mein Bett wurde von einem elektronischen Gerät geschoben, das die anderen »fleißiges Lieschen« nannten. Beschützerinnen hatte ich auch, körperlose Frauen, die ich zwar nicht sehen, mit denen ich mich aber unterhalten konnte.

Erst nach sieben Tagen sollte ich extubiert werden. Ganz allmählich wurde die Phase der künstlichen Beatmung beendet, und ich begann wieder, selbst zu atmen. Langsam dämmerte ich aus dem Koma ans Licht. Als ich endlich die Augen aufschlug, erblickte ich meine Frau. Ich war gerettet!

Anfangs konnte ich nicht sprechen. Deshalb hatte man mir eine elektronische Schrifttafel gegeben, auf der ich Buchstaben eintippen sollte, um mich zu verständigen und eventuelle Wünsche oder Fragen zu äußern. Mit wahnsinniger Mühe, großem Zeitaufwand und nach zig Versuchen gelang es mir endlich zu schreiben: Die wollen mich umbringen …

Später wurde ich wirklich auf eine andere Station verlegt und glaubte, beschossen zu werden. Zuerst ging ich an Holzsärgen vorbei, einen endlosen Korridor entlang, und schließlich durch eine dunkle Kirche. Es handelte sich um ein sogenanntes Übergangssyndrom. Am Morgen hörte ich Sirenen. In meiner Vorstellung brannte das Krankenhaus. Dabei waren es nur die Rettungswagen im Hof. Als Marion, Marcus und Isolde mich am Wochenende besuchten, zeigte ich ihnen die vielen Männer auf den Dächern – es waren Schornsteinköpfe. Marion witzelte herum: »Er hat eine süße kleine Macke.«

Das Übergangssyndrom endete zum Glück nach fünf Tagen. Schon vorher begann die Mobilisierungsarbeit. Eine Krankengymnastin half mir, mich auf die Bettkante zu setzen. Als ich meine Beine sah, hatte ich nur eine Assoziation: Ernie und Bert aus der Sesamstraße. Es war kein Muskel mehr da. Nun mußte ich das zweite Mal in meinem Leben laufen lernen. Die ersten Schritte machte ich in einem Laufiergitter, aber bald verzichtete ich darauf. Es gelang mir, zwanzig bis 25 Meter zu gehen. Frei und allein.

Beim ersten Ausgang eine Woche später konnte ich kaum auf einer Bank hocken, so weh tat mir alles, aber ich schaffte es, mich vierzig Meter fortzubewegen. Ich stieg aufs Ergometer, ging spazieren, wann immer es gestattet war, und fühlte mich so gut, daß ich schon nach 34 Tagen aus dem Krankenhaus entlassen wurde. Sensationell! Spätestens nach drei Monaten wollte ich das Kunstherz wieder loswerden. Für dieses Ziel lebte ich.

Zu Hause ruhte ich viel, spazierte mit Marcus durch die Natur, besuchte Sportveranstaltungen oder Freunde. Sie konnten es überhaupt nicht fassen, mich schon auf den Beinen zu sehen. Ich tat nicht, was ich unbedingt mußte, sondern was ich konnte und wozu ich Lust hatte. Am meisten genoß ich es, mich ungezwungen zu bewegen, die frische Luft zu atmen, mit dem Frühling zu gehen.

Als es im Sommer heiß war, trug ich beim Autofahren natürlich kein Jackett. Wenn ich ausstieg, guckten die Leute ganz erschrocken, weil sie tatsächlich dachten, ich sei schwerbewaffnet. Einmal standen Marion und ich in einem Telekom-Laden, um eine Handy-Hülle zu kaufen. Im Rucksack, ohne den ich mich nie längere Zeit von zu Hause entfernte, trug ich mein Nothilfe-Set, also die Handpumpe, den Mini-Computer zur Kontrolle des Kunstherzens, Ersatzbatterien und Spritzen mit einer blutgerinnungshemmenden Flüssigkeit. Die Verkäuferin starrte erst Marion an, dann mich. Sie holte tief Luft, als wollte sie Anlauf nehmen, und platzte mit der Frage heraus: »Sie kriegen ein Fax, oder?« Ich biß die Zähne zusammen, um ernst zu bleiben, und nickte: »Ja, ich krieg' ein Fax.«

Unangenehm waren mir die ständigen Pumpgeräusche des Kunstherzens nur einmal, bei einer Ausstellungseröffnung. Ich fühlte mich wie ein Alleinunterhalter. Ansonsten bin ich erstaunlich gut zurechtgekommen. Was auch immer ich tat oder ließ, mich beflügelte die Aussicht, schon bald auf dieses Hilfsmittel verzichten zu können.

Ein Trugschluß. Nicht der erste und nicht der letzte. Immer wenn das Kunstherz für Untersuchungen abgeschaltet wurde und mein eigenes Herz wieder arbeiten mußte, stellte sich heraus, daß ich keinen Blutdruck hatte. Nur durch äußerste Konzentration gelang es mir, nicht ohnmächtig zu werden. Damit war in Frage gestellt, ob es überhaupt zu einer Erholung kommen würde. Im September dann der Einbruch: Wegen einer akuten Sepsis und alarmierend hohem Fieber mußte ich mit dem Rettungshubschrauber von Erfurt ins Herzzentrum nach Berlin gebracht werden. Es stand auf der Kippe. Ein extrem lebensbedrohlicher Rückschlag, der mein Herz enorm schwächte. Zwei Infektionen folgten. Die Kräfte schwanden, die Reserven verbrauchten sich. Ich durfte das Krankenhaus nicht mehr verlassen. Meine Werte waren niederschmetternd, die Zukunft vorgezeichnet: Warten auf die Transplantation. Das Ende der Alternativen. Der Arzt redete nicht lange um den heißen Brei herum. Im stillen hatte ich mir vorgenommen, es auch so zu schaffen.

Trotzdem ignorierte ich die Diagnose nicht, sondern fing an, mich mit dem Thema Transplantation zu beschäftigen, Literatur zu lesen, Ärzte und Patienten zu befragen. Was bedeutet Transplantation? Seit wann wird transplantiert? Mit welchen Operationstechniken und Risiken? Was sind die Konsequenzen? Worauf muß ich verzichten? Welche Lebensqualität kann man erreichen? Was darf ich noch und was nicht mehr? Wie hoch ist die Lebenserwartung?

Das war äußerlich. Innerlich hab ich eigentlich gemeint, das packst du noch so. Sechs Wochen brauchte ich, um mich mit dem Gedanken an eine Transplantation abzufinden.

Eine schlimme Zeit. Wenn ich gerade einmal nicht auf die Intensivstation mußte, lag ich in Zwei-Bett-Zimmern mit Kunstherz- und auch mit Bypass-Patienten. Der ständige Wechsel war manchmal schwer zu verkraften. Mehrere Kunstherz-Patienten starben in diesen Wochen. Es war hart.

Nachts konnte ich häufig nicht schlafen. So wurde ich zum Stammhörer von Klassikradio. Ich schloß die Augen und versuchte zu schweben, irgendwohin, wo die Geräusche nicht von Maschinen und die Gerüche nicht von Desinfektionsmitteln stammten. Wie gern hätte ich das Fenster aufgerissen und ganz tief durchgeatmet!

Natürlich fühlte ich mich eingeschlossen, aber sollte ich mich wie ein Gefangener verhalten? Damit hätte ich mir nur selbst geschadet. Im Grunde engagierte ich mich für die gleichen Ziele wie bisher, obwohl diese immer unerfüllbarer erschienen. Auf eine Liste schrieb ich alles, was ich liebend gern tun wollte, und einiges gelang mir sogar. Denn dieser »Wunschzettel« spornte mich an. Nach einem meiner Tiefs begriff ich auch, wie leichtfertig es wäre, die Suche nach gemeinschaftlichen Werten und karitativen Ideen aufzugeben. Selbst Rückschläge enthalten positive Momente. Man muß sie jedoch analysieren. Im Sport wäre ich nie so erfolgreich gewesen, wenn ich nicht aus Irrtümern, Fehlern und Niederlagen gelernt hätte. Mit dieser Erfahrung versuchte ich, auch andere aufzurichten.

Damit sich keiner allein fühlte, regte ich an, daß wir Kunstherz-Patienten uns einmal in der Woche zum Essen trafen. Wir bestellten, worauf jeder Appetit hatte, indisch, chinesisch, italienisch, griechisch oder türkisch, und ließen die Mahlzeiten von einem Restaurant in unseren Aufenthaltsraum bringen. An einem dieser Abende im November lief gerade ein Fernsehbeitrag über mich, wir schauten ihn uns gemeinsam an und schwatzten nach dem Essen noch eine Weile. Als ich den Raum später verließ, traf ich im Korridor einen Mann, der auf mich wartete. Er wirkte angespannt. Nachdem er sich mir vorgestellt hatte, fragte er mich, ob wir unter vier Augen miteinander sprechen könnten. Ich schlug das Bistro auf unserer Etage vor.

Bevor wir uns überhaupt gesetzt hatten, sprudelte es schon aus ihm heraus. Er habe mich im Fernsehen gesehen, mein Schicksal berühre ihn sehr, und ich möge ihn bitte nicht für verrückt halten, sondern ihm einfach nur zuhören. Hinterher könne ich ja meine Meinung dazu äußern. Kein Problem, beruhigte ich ihn. Er sei so und so alt, begann er, habe ein einwandfreies polizeiliches Führungszeugnis, das könne er mir zeigen. Im Moment mache er eine Umschulung, sei aber früher in der Filmbranche tätig gewesen, habe viel gedreht und auch Preise erhalten. Das solle ich alles wissen, bevor er sein eigentliches Anliegen vortrage. Er schwieg einen Moment, sah mich an und sagte: »Ich bin gekommen, um Ihnen mein Herz zu geben.«

Ich war schockiert, sprachlos. Was sollte ich ihm antworten? Er meinte es völlig ernst, das war klar. Doch wie sollte ich reagieren, ohne ihn zu verletzen?

Langsam fing ich ein Gespräch an. Ich erzählte von mir, von der Aussicht auf eine Transplantation, von der Möglichkeit, daß sich mein Herz erholen könnte, obwohl ich selbst nicht mehr daran glaubte. Nie und nimmer würde ich sein Angebot annehmen. Das verbiete sich von selbst.

Ob ich denn nicht verstehen könne, erklärte er, daß er mit der Gewißheit aus dem Leben gehen wolle, noch etwas Gutes getan zu haben. Aber das würde seinen Tod bedeuten, wandte ich ein, es käme einem Selbstmord gleich. »Sind Sie sich dessen nicht bewußt ...?« Genau darum gehe es ja, meinte er. Er wolle auch seinem Tod noch einen Sinn geben. Ich wiederholte, das könnte ich niemals in Betracht ziehen. Wir redeten ungefähr zwei Stunden, und hinterher war ich völlig erledigt.

Eine Woche später klingelte das Telefon. Der gleiche Mann fragte, ob er mich noch einmal besuchen dürfe. Ich fühlte mich einigermaßen und stimmte zu. Er hatte mir Gedichte mitgebracht, wir sprachen über Bücher, über Religion, über Gott und die Welt. Sein erneutes Angebot konnte ich nur ablehnen, eindeutig, unwiderruflich. Es war indiskutabel für mich. Dann müsse er einen anderen Weg gehen, beharrte er, und sein Herz meinem Sohn schenken. Der wolle bestimmt, daß ich weiterlebe, und würde es sicher annehmen. Ich verneinte und wies darauf hin, daß man einen 13jährigen Jungen niemals mit einem solchen Ansinnen konfrontieren dürfe. Er solle sich doch einmal in dessen Psyche hineinversetzen. Als wir uns verabschiedeten, gab ich ihm meine Adresse und Telefonnummer. Ich habe nie wieder von ihm gehört.

Manchmal denke ich, in mir fließt Indianerblut. Ich höre oft indianische Gesänge hier im Krankenhaus, ich lese Bücher über ihre Wurzeln, Traditionen und Kultur. Wie einfach und klar Leben sein kann, wenn wir uns nicht von uns selbst entfernen. Ihr allerletztes Ritual hat mich lange beschäftigt – ein Indianer weiß, wann er zum Sterben auf den Berg gehen muß ...

Diesen Weg will ich noch nicht gehen. Doch wenn es soweit ist, muß man auch loslassen können. Es gibt nichts Schlimmeres, als zu klammern, am Leben oder an anderen Menschen. Gesetzt den Fall, ich müßte nur noch an Maschinen hängen, ohne Aussicht darauf, wieder richtig leben zu können, soll Marion die Entscheidung treffen, diese Apparate abschalten zu lassen. Ich würde dann als Organspender zur Verfügung stehen wollen. Wir haben uns darüber verständigt, als ich mir eingestehen mußte, daß meine Tage gezählt sind. Die Blutungen sind nicht zu stoppen, die Schmerzen unerträglich, das ist schon extrem knirsch. Hart an der Grenze zum »nicht mehr transplantationsfähig«. Aber ich bin ein guter Täuscher. Noch.

Das Zimmer 4 auf der Station TX im Deutschen Herzzentrum sieht aus, als stünde ein Umzug bevor. Eine Hälfte des Raumes ist leer, Geräte sind beiseite geschoben, und auf dem Bett vor dem Fenster türmen sich Bücher, Zeitschriften, Pa-

pier, Schnellhefter, Notizzettel, CDs, dazwischen ein Laptop und eine geöffnete Reisetasche. Hartwig Gauder ist gerade dabei, sie zu füllen, als zwei Krankenschwestern kommen, um ihn zu holen. Sie erklären ihm, er müsse vor der Operation rasiert und desinfiziert werden. Gauder bittet um einen kurzen Aufschub, damit er noch seine persönlichen Sachen packen könne. Die Schwestern sind einverstanden: »Natürlich, kein Problem, reichen Ihnen dreißig Minuten?« Ehe Gauder nikken kann, sind sie schon hinausgeeilt. Er stapelt seine Unterlagen und verstaut sie in der Tasche. Ein Zeitungsausschnitt fällt ihm aus der Hand, er hebt ihn auf, liest und grinst. In dem vergilbten Artikel ist von einem 17jährigen Geher-Talent aus Erfurt die Rede. Seinen Namen solle man sich merken, schreibt der Journalist, er werde eines Tages für Furore sorgen. Das Foto daneben läßt an dieser Prophezeiung zweifeln: ein hochaufgeschossener, schmaler Bursche, der unsicher in die Kamera blinzelt …

An Vaihingen/Enz, meinen Geburtsort bei Stuttgart, kann ich mich kaum noch erinnern. Als ich sechs Jahre alt war, zogen meine Eltern mit mir nach Ilmenau. Sie hatten dort ein Haus geerbt, und welcher Schwabe kann schon einem Haus widerstehen? Mich plagten ganz andere Sorgen. Es fand sich einfach kein Spielkamerad für mich. Immer wenn ich eines der Kinder aus der Nachbarschaft fragte, ob es mit mir spielen wolle, lachte es mich aus: »Der spricht ja englisch!« Alles kicherte. Niemand verstand mich. Nur meine Großmutter. Ihr war nicht entgangen, daß man uns Schwaben in Thüringen für Engländer hielt, und sie rettete mich aus dem Dilemma. Während die anderen draußen spielten, unterrichtete sie mich – in Hochdeutsch.

Eine traumhafte Kindheit. Gleich hinter dem Haus

erstreckte sich der Thüringer Wald. Er lag mir zu Füßen. Er lockte mich. Er löste ein unbeschreibliches Freiheitsgefühl in mir aus. Wir tobten, bauten Buden, rannten um die Wette. Laufen wurde für mich so selbstverständlich wie atmen. Morgens schlief ich gern ein bißchen länger, also mußte ich die Beine in die Hand nehmen, um es pünktlich zur Schule zu schaffen. Vier Kilometer hin, vier Kilometer zurück, täglich. Nachmittags hatte ich die Einkäufe zu erledigen – das nächste Geschäft befand sich zwei Kilometer entfernt, der Bäcker ebenfalls. Milch in der Kanne zu holen, war ja auch noch üblich. Immer zu Fuß. Es machte mir nichts aus. Im Gegenteil. Das waren doch keine Entfernungen, und was man unterwegs alles erleben konnte!

Meine Interessen entwickelten sich schon früh in sportliche Richtung. Ich probierte einfach aus, was sich mir bot. Mit zwölf Jahren habe ich dadurch manchmal zweimal am Tag gewissermaßen spielerisch trainiert. Fußball zum Beispiel. Judo nur bis zu meinem ersten Wettkampf. Ich stand einem Jungen gegenüber, der hieß Anders. Während ich noch grübelte, ob er wirklich so oder eben anders hieß, hatte er mich bereits geworfen. Mein Arm war angebrochen. Am ersten Tag bin ich so in die Schule gegangen, mit Schmerzen. Am zweiten Tag war der Arm eingebunden, am dritten trug ich ein Dreieckstuch und am vierten Tag Gips. Damit hatte sich Judo für mich erledigt. Anschließend versuchte ich mich im Skispringen, aber ich stürzte schon beim Mattenspringen und hatte nicht den Schneid, noch einmal hochzugehen.

Sport hat mir unwahrscheinlich Spaß gemacht. Mich reizte die Möglichkeit, Erfolg zu haben. Im Training konnte ich mich erproben, Grenzen austesten und überschreiten. Manchmal war es ein Duell, manchmal ein

Spiel. Hinterher fühlte ich mich immer gut. Körperlich sowieso, aber auch mental, denn ich hatte mir selbst etwas bewiesen.

Ich war ein durchschnittlich begabter Typ, wenn es um kurze Distanzen ging. Aber in dem Moment, als der Sportlehrer sagte, ihr lauft jetzt nicht sechzig Meter, sondern dreimal um die Schule, habe ich die anderen locker abgehängt. Beim Ausdauersport muß man ein Naturtalent sein. Bei mir kamen viele Faktoren zusammen: Lungenfunktion, Herz, Körperbau, alles war optimal. Nicht zu vergessen mein tägliches Laufpensum zur Schule, zum Einkaufen, zum Kindergarten, um meine Schwester abzuholen, dann die ungeahnten Weiten hinterm Haus, Thüringer Wald ohne Ende …

Im Winter trainierte ich Skilanglauf, im Sommer betrieb ich Radsport, sogar mit Erfolg. Auf einem Tourenrad mit Gesundheitslenker gewann ich die »Kleine Friedensfahrt« des Bezirkes Suhl. Dieses Rad, Marke »Diamant«, hatte mir ein Student preisgünstig überlassen. Kein x-beliebiges Fahrrad, sondern eins mit Dreigangschaltung! Das war mein ganzer Stolz. Wenn mir meine Eltern ein Rennrad hätten kaufen können, wäre ich vielleicht bei dieser Disziplin geblieben. Statt dessen also Skilanglauf, bei dem mir allerdings Grenzen gesetzt waren. Es reichte nicht für den Hochleistungssport, den ich anstrebte, ich war eher mittelmäßig. Trotzdem, es war den Versuch wert, und witzige Erlebnisse gab es auch.

Ich trainierte immer mit Älteren, manchmal starteten wir sogar zusammen. Bei einem dieser Wettkämpfe rief mich einer der Männer, ein Läufer aus Großbreitenbach, aus der Spur. Ich hüpfte raus und ließ ihm den Vortritt, aber er wurde immer langsamer. Da habe ich »Hepp!« gebrüllt, zwei-, dreimal, bevor er den Weg freimachte. Das geschah ausgerechnet an einer Stelle, wo man auch noch die Richtung ändern mußte, und ich bin so »geschickt« umgeschritten, daß ich ihm die Skispitze abgebrochen habe. Am Abend stellte er sich bei der Feier zu uns und empörte sich darüber, daß ihm so ein Trottel die Spitze abgetreten habe. Gott sei Dank hat er mich nicht erkannt!

Beim gleichen Wettkampf passierte mir noch ein anderes Mißgeschick. Ich trug eine Norwegermütze mit Bommel, ein seltenes Exemplar, alle beneideten mich darum, weil es die im Osten nicht zu kaufen gab. Meine Mutter hatte sie mir zum Geburtstag gestrickt, in Weiß, wie ich sie mir gewünscht hatte. Ich lag ziemlich weit vorn, fast in führender Position, ein Sieg war drin. Plötzlich ging es bergab, ich machte einen Doppelschub – und meine Bommel wickelte sich um einen Ast. Oben am Baum hing meine Mütze, unten am Berg stand ich. Ratlos. Und was hab ich getan? Auf den Sieg gepfiffen. Gewendet. Hoch. Die Mütze geholt, weitergelaufen. Ich wurde Sechster!

Bloß gut, daß mich keiner beobachtet hat. Es hätte die Runde gemacht, als Dauerwitz. Aber so eine Norwegermütze hätte ich doch nie wieder gekriegt! Die wäre weg gewesen, futsch, für immer und ewig. Und was hätte ich zu Hause sagen sollen?!

Damals wurde mir angeboten, auf die Kinder- und Jugend-Sportschule in Zella-Mehlis zu gehen, doch meine Eltern ließen es nicht zu. Sie meinten, ich sei zu jung, um schon das Haus zu verlassen. Ihre Weigerung bedeutete im Grunde das Aus für eine sportliche Entwicklung, selbst in meiner Betriebssportgemeinschaft. Man wird nicht weiter gefördert. Nun sollte ich Übungsleiter im Skilanglauf werden. Eine Zeitlang betreute ich Kindergruppen, ausgefüllt hat mich das jedoch nicht. Am liebsten hätte ich mir eine Sommersportart gesucht. Aber welche?

Ein Zufall kam mir zur Hilfe. Hilmar Hoßfeld, ein Freund aus der Parallelklasse, lief mir über den Weg. Er erzählte, daß er jetzt bei den Gehern sei. Meine Reaktion war vermutlich bühnenreif: »Was is'n Gehen?« Er erklärte es mir und meinte, ich könne ja mal mitkommen.

Irgendwann tauchte ich beim Training auf, das Horst Stäps leitete, ein erfolgreicher Geher, der selbst noch einen Weltrekord anvisierte. Er sagte nur: »Geh mal!« Also ging ich. Viele Elemente ähneln ja denen beim Skilanglauf – das flache Durchziehen der Knie, Schrittlänge, Armhaltung ... Stäps beobachtete mich aufmerksam und nickte.

Von nun an trainierte ich in meiner Altersklasse, der A-Jugend, mit und habe bei einem landesweiten Wettkampf zwei Wochen später den Dritten gemacht, mit einer Superzeit. Vorher standen die von überall angereisten Trainer zusammen in einer Runde. Horst Stäps winkte mich heran und stellte mich vor: »Das ist der zukünftige Junioren-Europameister.« Zwei Jahre später war ich es. Er hatte recht gehabt.

Anfangs schien mir alles zuzufliegen. Meine Erfahrungen im Skilanglauf kamen mir zugute. Dort startet man alleine, meist im 30-Sekunden-Abstand, ständig muß man kämpfen, weil man nicht weiß, was die vor einem und die hinter einem machen. Obwohl ich erst 17 war, konnte ich kämpfen bis zum Letzten, weil ich gelernt hatte, mich genau einzuschätzen und mich auf mich selbst zu verlassen. Schon als Kind hatte ich nicht nur die Strecke, sondern auch meine Kräfte einteilen müssen. Für mich stand jedenfalls fest – ich bleibe beim Gehen. Nach den ersten Erfolgen wollte ich unbedingt auf die Kinder- und Jugend-Sportschule. Meine Eltern lehnten wieder ab, sechs Monate dauerten die Auseinandersetzungen mit ihnen. Inzwischen erreichten mich Anfragen von den Sportclubs in Potsdam und Erfurt. Doch dann zogen beide kurz hintereinander ihre Angebote zurück. Aus dem gleichen Grund: Westverwandtschaft. Ich hätte mich bei einem Wettkampf im Ausland ja zu meinen Angehörigen in Schwaben absetzen können ... Da platzte mir der Kragen. Ich war so wütend darüber, daß ich in einem Gespräch mit dem Schuldirektor drohte: »Dann werd' ich eben Staatsfeind Nummer 1!«

Nach diesem Satz durfte ich auf die Kinder- und Jugend-Sportschule. Eingestuft als »Sicherheitsrisiko«, wie ich 1990 erfahren habe, aber was sollten sie tun? Im Sport zählte die Leistung. Du mußtest kämpfen. Und ich kämpfte.

Mit Talent war ich eingestiegen, dann begann die Arbeit. Begriffen habe ich das erst, als ich schon Junioren-Europameister war, einige Wochen nach dem Turnier, bei den Deutschen Meisterschaften. Ich erreichte eine Superzeit, landete aber »nur« auf Platz 6. Da wußte ich, daß ich anfangen mußte zu arbeiten, um die Männer schlagen zu können. Damals bin ich ja noch als Junior gestartet. Vorher war ich fast von Sieg zu Sieg gegangen, doch gelernt habe ich im Sport nur aus Niederlagen. Die haben mich motiviert. Es mußte weh tun im Training, erst dann hatte es einen Wert. War diese Grenze erreicht, wußte ich, ab jetzt arbeite ich effektiv. Ich habe das Pensum erhöht und gleichzeitig die Intensität, bin also mehr und schneller gegangen. Der Rahmen – Prophylaxe, Gymnastik und Ernährung – stimmte ohnehin, da konnte ich nichts optimieren. Mein Programm paßte ich der jeweiligen Tagesform an. Merkte ich, daß ich ziemlich schnell, spritzig und locker war, habe ich das vorgegebene Programm absolviert. Und wenn das Gegenteil der Fall war, habe ich mir erst recht Steigerungen abverlangt.

Je extremer die Bedingungen, desto schöner war es eigentlich für mich. Wenn die anderen schimpften, habe ich mich regelrecht gefreut. Ich konnte mich gut darauf einstellen. Es bedeutete eine größere Herausforderung. Was ich allerdings nicht mochte, das war Kälte, weil die Muskulatur dann dicht und fest wurde. Ich liebe Hitze, dreißig Grad und kein Gramm Schatten, die Muskulatur wird ein bißchen vom Wind umspielt, dann der Körperschweiß … Ich bin absichtlich nicht oder erst sehr spät an die Getränkestützpunkte gegangen, weil der Körperschweiß eine natürliche Isolation bildete. Wenn ich Wasser zu mir genommen hätte, hätte ich diese Isolation weggespült. Es war einfach so, mein Körper hörte auf mich, und ich hörte auf ihn. So versuche ich es bis heute zu halten. Im Sport verhalf es mir zum Erfolg.

Natürlich hatte ich auch Glück. Denn in Siegfried Herrmann fand ich 1976 den idealen Trainer, obwohl er sich bis dahin nur um Mittel- und Langstreckenläufer gekümmert hatte und sich in meine Disziplin erst einarbeiten mußte. Wir brauchten sechs Wochen, um uns zusammenzuraufen, dann wurden wir ein perfektes Team. Ich wollte Olympiasieger werden, das war die Vision, die mich antrieb. Dafür forderte ich mir alles ab. Und Herrmann ist ein absoluter Trainingsmethodiker, der ganz akribisch vorgeht, ein Genie. Er mußte mich nie drängen oder übermäßig motivieren, ich tat ohnehin mehr, als er verlangte. Seine Pläne und mein Körpergefühl haben sich phantastisch ergänzt. Mal konnte ich schneller oder länger gehen, mal mußte ich kürzer treten, immer unter dem Aspekt, daß auch das Pensum des nächsten Trainingstags erfüllt werden muß. Wir vertrauten einander.

Bevor ich zu Siegfried Herrmann kam, scheiterte ich bei der Olympiaqualifikation 1976 als vierter Mann. Disqualifiziert, wegen schlechter Technik. Damals verspürte ich eine Mordswut auf den Kampfrichter, und wenn Zuschauer mich nicht daran gehindert hätten, wäre er im Schloßteich gelandet. Statt dessen hätte ich mich bei ihm bedanken müssen, denn eine reale Medaillenchance hatte ich bei Olympia noch nicht. Vermutlich hätte ich mir vor Aufregung in die Hosen gemacht. Die Lektion war heilsam. So konnte ich mich langsam aufbauen, von Station zu Station.

Wie nötig ich es hatte, zeigte sich mir ein Jahr darauf bei meinem zweiten Weltcup. Ich war zappelig wie ein Pferd, das zu lange im Stall gestanden hat. Kurz vor dem Wettkampf in Milton Keynes raste ich noch einmal auf die Toilette, die wegen Überfüllung hätte geschlossen werden müssen. Als ich endlich an der Reihe war und anschließend wieder hinauseilen wollte, bekam ich die Tür nicht mehr auf. Ich schaute nach oben – Fehlanzeige. Kein Spalt, durch den ich hätte hindurchklettern können. Mir brach der Schweiß aus. In wenigen Minuten sollte der Cup beginnen! Ich klopfte, dann schrie ich voller Panik, und schon öffnete mir jemand den Weg in die Freiheit. Es war eine Schiebetür. Alles reine Nervensache.

Als ich 1979 beim Weltcup Siebenter wurde, kam bei mir der entscheidende Kick. Ich begriff plötzlich, daß mir die zwanzig Kilometer nicht genügten. Auf dieser Strecke waren die Mexikaner zu gut und ich zu anfällig. Also beschloß ich, schon bei den DDR-Meisterschaften im gleichen Jahr über fünfzig Kilometer zu starten. Und ich siegte! Stellenweise hatte ich 27 Minuten Vorsprung und kurz vor dem Ziel immer noch drei – das war natürlich eine Lehrstunde.

Meine Frau schimpfte, sie hatte Angst um mich: »Du

kommst so an wie die anderen, brichst auf der Ziellinie zusammen, siehst total bescheuert aus ...« Sogar mein Trainer Siegfried Herrmann war anfangs dagegen. Nur ein Jahr blieb bis zu den Olympischen Spielen, das Risiko schien ihm einfach zu groß. Obwohl ich mich im Training auf Strecken von dreißig bis 35 Kilometern immer wohlgefühlt hatte, glaubte niemand, daß ich die Umstellung so ohne weiteres schaffen könnte. Dabei hatte schon 1973 eine Zeitung eine Karikatur veröffentlicht, auf der die Kilometersteine von mir nur so gefressen wurden. Immer habe ich mehr Kilometer zurückgelegt, als ich sollte, und es hat mir großen Spaß gemacht. Ich war mir meiner Kondition einfach sicher. Deshalb sagte ich vor versammelter Familie: »Ihr werdet sehen, ich werde Olympiasieger.«

Eine Krankenschwester betritt das Zimmer 4. »Na, alles erledigt?« fragt sie Hartwig Gauder, der erschöpft verneint. Seit er darüber informiert wurde, daß die Transplantation bevorsteht, darf er weder essen noch trinken. Erst die Hälfte seiner Habe ist verstaut, er bittet die Schwester, ihm zu helfen. Gemeinsam verlassen sie das Patientenzimmer. In einem speziellen Raum wird er am ganzen Körper rasiert, weil vor der Operation nicht absehbar ist, an welcher Stelle noch ein Katheter eingeführt werden muß. Anschließend streichen ihn die Krankenschwestern von oben bis unten mit einer desinfizierenden braunen Tinktur ein. Im Operationshemd kehrt er ins Zimmer 4 zurück. Inzwischen steht das Bett seines Mitpatienten wieder am alten Platz. Jörg ist rechtsseitig gelähmt und reagiert nicht. Die Schwestern brauchen kaum zehn Minuten, um Gauders Sachen zu packen. Als sie sich entfernen, lächeln sie ihm noch einmal aufmunternd zu. Dann herrscht Stille. Hartwig Gauder sieht immer wieder zu Jörg hinüber.

Ihm kommen die Tränen. In dem Moment öffnet sich die Tür, Jörgs Ehefrau erscheint. Sie steht mit ihrer Tasche vor seinem Bett, schaut ihren Mann an und fragt Gauder völlig entgeistert: »Was ist denn passiert?« Gauder ist nicht in der Lage zu antworten. Er liegt da, schluckt und kann nichts sagen. Die Frau geht leise aus dem Raum.

Ich konnte nicht antworten, ich konnte einfach nicht antworten. Wie soll ich erklären, was ich selbst nicht begreife? Himmel und Hölle, alles an einem Tag. Jörg liegt da und kann nichts tun. Ich liege hier, kann nur warten und mit ihm fühlen. Was mir bleibt, sind gute Gedanken, die eigenen, die meiner Familie, die meiner Freunde und vieler anderer Menschen. Sie haben meine Freude verdoppelt und meinen Schmerz oft gelindert. Durch Interesse, Anteilnahme und Freundlichkeit.

In Erfurt kam mir einmal eine fremde Frau auf der Straße entgegen, lächelte und drückte mich: »Ich kenn' Sie zwar nicht, aber ich muß Sie umarmen.« Sie hatte von meiner Operation gelesen und wollte mir Mut machen. Ohne große Worte. Einfach so.

Die Erwartungen dieser Menschen nicht zu enttäuschen, auch das motiviert mich. Im Sport habe ich nach einer Philosophie gelebt, die übertragbar ist und heute noch für mich gilt. Wenn fünfzig Kilometer anstanden, hab ich mir nie gesagt: Oh, noch zwanzig Kilometer, sondern nur noch zwanzig Kilometer! Also halbvoll oder halbleer. Ich mußte es mir nicht eintrichtern, ich habe es tatsächlich so empfunden. Was sind lasche fünf Kilometer, wenn man schon 45 Kilometer bewältigt hat?! Nix! Dann muß man sich nur noch 23 Minuten schinden. Du gehst hundert Meter, und es sind wieder dreißig Sekunden weniger ...

Ohne diese Philosophie wäre ich nicht Olympiasieger geworden. Ich hatte die Fähigkeit entwickelt, mich neben meinen Körper zu stellen, also den Geist neben den Körper. Man muß sich beobachten und motivieren können zu neuen Anstrengungen. Zum Beispiel durch die Belohnung des Körpers nach einer harten Leistung, ganz simpel. Du sagst dir unterwegs, wenn du es bis dahin schaffst, trinkst du abends genußvoll ein schönes kühles Bier. Natürlich muß man auch eine Art der Genugtuung darin finden, an dem Tag kaputt zu sein, körperlich, und sich in den Abend- und Nachtstunden wieder zu erholen. Sowohl das eine als auch das andere.

Ich habe mich ständig beobachtet und daraus Konsequenzen für mein Training und den Tagesablauf gezogen. Von der Technik angefangen, habe ich alles bewertet mit Plus und Minus und mit Noten von eins bis fünf. Das hat auch zu Stolpersteinen geführt, weil ich in vielen Fragen zu akkurat war und die Meinung vertreten habe, man könne eine sportliche Leistung bis zu einem bestimmten Grad mathematisch berechnen. Dem kann keiner folgen. Das ist wie beim Halma – da kann ich nicht folgen, wenn mir jemand erzählt, er berechne das mathematisch. Aber mit meinem Körper konnte ich das machen. Da spielten viele Parameter eine Rolle.

Im Gegensatz zu mir kennt mein Sohn meine Wettkampfzeiten auf die Sekunde genau. Ich habe fast nur Trainingsleistungen gespeichert, über Jahrzehnte. Und immer habe ich verglichen: Okay, im vorigen Jahr bist du auf dieser Strecke zehn Tage vor dem Wettkampf die 25 Kilometer in 1:48 Stunden gegangen. Heute brauchtest du 1:50 Stunden. Woran liegt das? Na gut, du hast gestern dreißig Kilometer gemacht, und damals waren es nur zehn. Also warst du lockerer … Das habe ich mit meinem Trainer besprochen und die Erkenntnisse umgesetzt. Feeling spielte natürlich auch mit hinein.

Sehr viele Pluspunkte habe ich mir durch Härte mir selbst gegenüber erarbeitet. Das gab mir Sicherheit und beflügelte mich, locker in den Wettkampf zu gehen. Schon vor Olympia 1980 in Moskau war das so. Weil ich dachte, es könnte warm werden, hab ich eben bei 25 Grad mit zwei Trainingsjacken und einer Trainingshose trainiert. Die anderen rissen ihre Witze über mich. In Moskau haben sie nicht mehr gelacht.

Erstens habe ich mich so an die Hitze angepaßt, auch indem ich zusätzlich in die Sauna gegangen bin. Selbstverständlich achtete ich darauf, die Mineralien wieder aufzufüllen, vor allem durch Elektrolytgetränke. Zweitens erreichte ich einen höheren Trainingseffekt, eine höhere Belastung bei gleicher Distanz und wußte genau, wenn ich die beiden Jacken ausziehe und in meinem T-Shirt gehe, werde ich den anderen gegenüber hundertprozentig im Vorteil sein. Oder zwanzig oder zehn Prozent. Egal, es hat sich gelohnt. Allein die Teilnahme an Olympischen Spielen rechtfertigt schon ein vierjähriges Training, mag es auch noch so hart sein.

Es ist ein gigantisches Erlebnis. Beim Weltcup oder bei den Weltmeisterschaften können die gleichen Sportler antreten, und trotzdem ist bei Olympia alles intensiver – die Emotionen, der Kampfgeist, die Resonanz, die Angst zu versagen, die Freude, wenn man vorn plaziert ist ... Dieser Zusammenhalt, dieses Stimmengewirr, das Essen, das Flair, das Wohnen, das Mannschaftsgefüge oder das Nichtvorhandensein eines Mannschaftsgefüges, wie es 1992 in Barcelona der Fall war, dann der eigentliche Wettkampf – es gibt kein größeres Sportereignis, für keinen Athleten der Welt. Wer ein Gespür für die Aura von Menschen hat, wird bei Olympia so ein flirrendes Spannungsgefühl bemerken. Es sammelt sich in einem Raum, es sammelt sich an einem Tisch, es sammelt sich in einem Blick, und es schafft eine Atmosphäre, die unvergleichlich ist.

Moskau war überwältigend. In unserer Disziplin traf die Weltspitze aufeinander. Da gab es keine Ausfälle, wie beim 400-Meter-Hürdenlauf, wo Harald Schmidt fehlte, der als Top-Athlet durch den Boykott um eine mögliche Goldmedaille gebracht wurde. Die Italiener waren da, die Mexikaner, die Spanier, die Bulgaren, die Polen, die sowjetischen Geher sowieso …, also die komplette Elite.

Was sich hinter den Kulissen abgespielt hat, habe ich erst sehr viel später erfahren. Nur weil die sowjetischen Geher keine Medaille geholt hatten, mußten sie das Olympische Dorf am nächsten Tag zu Fuß, mit dem Koffer in der Hand verlassen. Es war ja nicht nur eine Auseinandersetzung Ost gegen West, sondern auch eine Auseinandersetzung DDR gegen UdSSR. Und die spielte keine geringere Rolle.

Wir Athleten wollten einen fairen Wettstreit, und der war phantastisch. Allerdings lagen meine Nerven vorher ziemlich blank. Ich suchte etwas Ablenkung, schlenderte durch das Olympische Dorf und stieß auf einen Friseur. Dreißig Minuten stand ich davor, bevor ich mich hineingetraut habe, denn ich befürchtete Schlimmstes. Zu Hause hatte ich es nicht mehr geschafft, aber es ist immer ratsam, sich vor einem Wettkampf die Haare schneiden zu lassen. Kurz und sportlich, damit das Deckhaar nicht so wippt. Es muß eine Linie bilden. Die Kampfrichter beurteilen Geher auch nach dem Kopf, wegen der Stilgenauigkeit. Wichtig sind die Einstütz- und die Zweistützphase, also ständiger Bodenkontakt und Kniestreckung – diese Parameter müssen beachtet werden, wenn man nicht disqualifiziert werden will. Zieht ein Kampfrichter die weiße Kelle, heißt das Verwarnung. Registriert er eine Verletzung der Regeln, füllt er einen roten Zettel aus, der an den Hauptkampfrichter weitergeleitet wird. Kommen drei rote Zettel von verschiedenen Kampfrichtern zusammen, bedeutet dies die Disqualifikation. Gesetzt den Fall, der Kampfrichter achtet gerade auf den Kopf und sieht die wippenden Haare, dann erweckt das einen unruhigen Eindruck und kann zu einem Fehlurteil führen, selbst wenn ich keine Regeln breche. Nicht umsonst werden wir gern als »Wackelmänner« bespöttelt. Dabei sind die gleitenden Bewegungen beim Gehen viel gesünder als das Laufen.

Mit meinem Kopf stimmte alles nach dem Friseurbesuch, aber mein Magen spielte verrückt. Ich konnte nur noch auf dem Bauch liegen. Um 16.00 Uhr sollten wir starten. Vormittags bereitete ich mein Spezialgetränk zu, einen mit etwas Tee verdünnten Blaubeersaft. Mittags nahm ich noch eine leichte Mahlzeit zu mir, ein Geflügelgericht, und dann zählte ich die Minuten, bis wir zur Erwärmung aufgerufen wurden. Die Zeit schlich dahin. Längst hatte ich meine Tasche gepackt, mit Kamm, Waschzeug, sauberen Schuhen und Sportsachen zum Wechseln – für die Siegerehrung. Meinen Ehering habe ich vorher dem verantwortlichen Mannschaftsarzt gegeben, der dann auch bei der Dopingkontrolle anwesend war. Zur Dopingkontrolle kam nur, wer einen der ersten drei Plätze belegt hatte. Der Ring war mein Talisman, immer.

Bei der Erwärmung war ich so nervös, daß ich höchstens drei Kilometer schaffte. Ich fühlte mich extrem allein. Dem psychischen Streß konnte ich nur entfliehen, indem ich mich völlig in mich selbst zurückzog. In eine tiefe innere Stille. Die ungenügende Erwärmung rächte sich jedoch gleich nach dem Start. Als wir das Stadion verließen und ich die Lücke zu dem sowjetischen Geher Boris Jakowlew schließen wollte, wurde ich sofort verwarnt. Dennoch versuchte ich, dem Feld mein eigenes Gepräge aufzuzwingen, indem ich mich öfter ganz vorn in der Spitzengruppe zeigte und die Geschwindigkeit beschleunigte. Nachdem Jakowlew langsamer wurde, blieb Raul Gonzales aus Mexiko mein hartnäckigster Konkurrent. Er galt als Favorit und war sich seiner Sache ziemlich sicher. Kein Wunder, fast alle Wettkämpfe liefen für ihn nach dem gleichen Muster ab: Start – Ziel – Sieg. Auch in Moskau drückte er stark aufs Tempo.

Unser Kurs führte am Ufer der Moskwa entlang. Solange wir Rückenwind hatten, hielt ich mich neben Gonzales, bei Gegenwind ließ ich mich etwas zurückfallen. Natürlich beobachtete ich seine Mimik und Gestik sehr genau. Vor den Getränkeständen rief er immer relativ zeitig, was er trinken wollte, meist war es Papayasaft, mit Wasser gemischt. Bei Kilometer 27,5 rief er schon nicht mehr, sondern ging direkt zum Stützpunkt. Das war für mich ein erstes Zeichen. Er schwitzte auch mehr als sonst. An diesem Tag war es extrem heiß, beim Start hatten wir über dreißig Grad im Schatten. Raul Gonzales baute zusehends ab, während ich beschleunigte. Bei Kilometer 32 zeigte ich kurz auf seine Landsleute, die mit einem großen Sombrero am Rand standen, winkten und ihn temperamentvoll anfeuerten. »Your fans«, sagte ich. Gonzales guckte entgeistert zu mir hoch, ließ das Tempo abrupt abreißen und verlor an Boden.

Daraufhin schaute ich nach Jakowlew, weil ich die letzten 18 Kilometer auf keinen Fall allein gehen wollte. Ausgerechnet in diesem Moment wurde er disqualifiziert. Jetzt war ich auf mich selbst gestellt, unterstützt von meinem Trainer Siegfried Herrmann, der hinter der Absperrung mitlief und mir zwischendurch die jeweiligen Abstände zurief.

Unterwegs dachte ich mir fiktive Interviews aus. Diesen Spaß gönnte ich mir häufig. Ein bißchen Pingpong. Ich spielte durch, was mich die Journalisten anschließend fragen könnten. Es ist ein gutes Mittel, um geistig wach zu bleiben.

Nach 47,5 Kilometern wurde der Rundkurs verlassen, es ging in Richtung Stadion. Die Strecke bis zum Eingang war ziemlich belastend. Dort standen keine Zuschauer mehr, nur schweigende Polizisten oder Soldaten. Gespenstisch. Ich hörte meine eigenen Schritte und den stoßweisen Atem, sonst nichts.

Dann, plötzlich, etwa fünfhundert Meter vor dem Stadion, brach ein unbeschreiblicher Jubel aus. Ich bekam eine Gänsehaut. Bei jedem Schritt sagte ich mir: »Du mußt dich jetzt unbedingt zusammenreißen. Konzentrier dich auf die Technik. Nur noch 350 Meter ...«

Im Ziel stürzte alles auf mich ein. Olympischer Rekord – 3:49:24 Stunden! Dabei war es erst mein vierter 50-Kilometer-Wettkampf. Ich war so glücklich, daß ich eine Ehrenrunde drehen wollte, um meine Freude mit den Zuschauern zu teilen. Als ein Reporter mit seinem Mikrophon auf mich zugerannt kam und fragte: »Wie ist es denn gelaufen?«, hätte ich laut loslachen können. Die Frage kam mir bekannt vor. Dank meiner Vorarbeit reagierte ich wie aus der Pistole geschossen: »Wenn ich gelaufen wäre, stünde ich jetzt nicht hier.«

Kurz vor der Siegerehrung konnte ich wirklich nicht mehr stehen: »Stopp, es geht nicht!« Ich sackte zusammen, weil ich seit Stunden nichts getrunken hatte. Bei der Pressekonferenz hatten zwar Karaffen auf den Tischen gestanden, aber kein Sportler bedient sich vor der

Dopingkontrolle an offenen Getränken. Ein irischer Arzt eilte zu Hilfe und brachte mich mit Ammoniak wieder auf die Beine. Den Rest der Ampulle hielt er gleich dem Spanier Jorge Llopart unter die Nase, während Jewgeni Iwtschenko geduldig wartete. Das Trio war komplett, die Siegerehrung konnte beginnen.

Noch immer hatte ich nichts getrunken. Aber ich holte mir meinen Talisman zurück. Als ich nach der Dopingkontrolle zur Feier unserer Mannschaft stieß, freuten sich die Handballer, weil bisher Sekt getrunken wurde und sich endlich jemand traute, ein Bier zu bestellen. Wir schleppten einen ganzen Kasten ins Quartier – und gingen brav in unsere Betten. Nebenan schliefen Waldemar Cierpinski und andere Athleten, deren Wettkämpfe unmittelbar bevorstanden. Sie brauchten dringend ihre Ruhe.

In dieser Nacht konnte ich kein Auge zumachen. Ich schaute aus dem Fenster, doch nichts tat sich. Früh um fünf stand ich auf und lief zehn Kilometer. Nach dem Frühstück rief ich meine Frau in Erfurt an. Dann telefonierte ich mit Siegfried Herrmann, der wegen seiner unbestechlichen Art bei den Sportfunktionären nicht gerade beliebt war und deshalb als Tourist mit einer Reisegruppe hatte einreisen und im Hotel übernachten müssen. Er schlug vor, eine Bootsfahrt zu machen: »Wir treffen uns auf dem Roten Platz!« Unterwegs faßte ich mich an den Kopf. Der Platz ist riesig, wo sollten wir uns da finden? Es wimmelte von Menschen, die schlenderten, schauten oder schwatzten. Japanische Touristengruppen taten, was sie am liebsten tun: Sie fotografierten. Die Einheimischen rannten zur Metro. Ein einziges Gewühl. Genau in der Mitte stand Herrmann und strahlte. Auf der Moskwa feierten wir endlich unseren gemeinsamen Sieg – mit Sekt aus Pappbechern.

Um auch mit den anderen anzustoßen, kaufte ich auf dem Rückweg noch zwei Flaschen Wodka. Prompt wurde ich am Eingang des Olympischen Dorfes kontrolliert. Natürlich wußte ich, daß Alkohol dort verboten war, aber es sollte ja keine Orgie werden. Der Milizionär guckte mich an, guckte in die Tasche, guckte mich wieder an. Dann grinste er übers ganze Gesicht: »Ah, Olympic Champion!« Ich durfte passieren.

Es wurde eine fröhliche Runde mit Udo Beyer, Karl-Heinz Jakobi, Werner Heyer und Hilmar Hoßfeld, der mich zum Gehen gebracht hatte und inzwischen ein bekannter Diskuswerfer geworden war. Als die anderen sich verabschiedet hatten, sagte ich zu Werner, mit dem ich ein Zimmer bewohnte: »Der Wodka hat aber gut geschmeckt. Von dem sollte man welchen mit nach Hause nehmen. Mal schauen, wie der heißt.« Werner reichte mir eine der beiden Flaschen, und ich entzifferte das Etikett – der Wodka hieß Gin.

Dr. Susanne Spiegelsberger sieht nach den beiden Patienten in Zimmer 4. Der Zustand von Jörg ist unverändert. Sie ahnt, was in Hartwig Gauder vorgehen muß, und tröstet ihn: »Machen Sie sich keine Sorgen, das kriegen wir schon hin. Versuchen Sie, jetzt nicht hinzugucken. Es wird wieder gut werden.« Gauder hat seine Zweifel, nickt aber. Nach einem kurzen Gespräch über seine Operation greift er zum Telefon und wählt die Praxis-Nummer seiner Frau. Sie freut sich, daß er transplantiert werden soll, rät ihm, ganz ruhig zu bleiben und die Nerven zu behalten. Er habe keine Angst, versichert er ihr, sie werde ganz bestimmt von ihm hören, danach.

Es ist fast soweit. Um die letzten Minuten bis zur Operation um 14.45 Uhr zu überbrücken, setzt sich Hartwig Gauder die Kopfhörer auf und stellt Klassikradio ein. Gerade wird eines seiner Lieblingslieder gespielt, als die Krankenschwestern kommen, um ihn abzuholen: »Herr Gauder, wir bringen Sie jetzt nach unten.« Er bittet darum, dieses eine Lied noch zu Ende hören zu dürfen. Andrea Bocelli und Sarah Brightman singen »Time To Say Goodbye« …

Als Henry Maske zum letzten Mal in den Ring stieg, war er übermotiviert. Mir erging es 1993 in Stuttgart sehr ähnlich. Ausgerechnet in Schwaben, wo ich geboren wurde, und dann auch noch in der Stadt, in der ich 1986 bereits Europameister geworden war. Ein gutes Pflaster, um aufzuhören, hatte ich mir überlegt.

In der Nacht vor den Weltmeisterschaften konnte ich überhaupt nicht schlafen, es war schlimmer als vor den Olympischen Spielen in Moskau. Am Start fühlte ich mich gut, doch unterwegs häuften sich Irritationen und Ungereimtheiten. Bei einem Ausreißversuch hörte ich, wie mir jemand vom Rand aus zurief, ich hätte drei rote Karten. An der Tafel standen aber nur zwei, und der Hauptkampfrichter, an dem ich vorbeiging, zuckte nicht mit der Wimper. Als ich dann etwas trinken wollte, war nichts da. Man hatte meinen Trainer Siegfried Herrmann informiert, ich sei disqualifiziert worden, also hatte er die Getränke bereits vom Stützpunkt abgeräumt. Völlig entnervt gab ich nach 35 Kilometern auf. Die Vorfälle wurden nie aufgeklärt. Meinen Ausstieg nehme ich mir immer noch übel.

Niederlagen sind die besten Lehrmeister, aus dieser habe ich jedoch nichts gelernt. Die absolute Ausnahme. Man kann nicht immer gewinnen. Du brauchst auch Stationen, die zu dem Ziel führen, das du dir am Ende gestellt hast. Nur diesmal war es eben keine Station, sondern der Abschied.

Selbst wenn ich gewonnen hatte, empfand ich das innerlich manchmal als Niederlage. Weil ich nicht zufrieden mit mir war. Ein Sieg muß also nicht unbedingt mit einem Gewinn identisch sein. Und eine vermeintliche Niederlage kann ein Sieg sein, wenn ich alles investiert habe, mir selbst und anderen nichts schuldig geblieben bin. Der Sport hat mich gelehrt, daß nur Erfolg hat, wer die Fehler zuerst bei sich selbst sucht.

Es gibt jedoch Situationen, in denen du alles vergessen kannst, die Fehler, die Siege, die Niederlagen. Da mußt du einfach Schwein haben, oder du kommst auf den Hund.

Vor den Weltmeisterschaften 1983 in Helsinki trainierten wir in den bulgarischen Bergen. Am Tag vor der Abreise war ich zwanzig Kilometer auf der Bahn in der sensationellen Zeit von 1:29 Stunden gegangen, und das in einer Höhe von 2300 Metern. Mein Trainingszustand war optimal. Eigentlich wollte ich nach diesem Pensum durch den Wald spazieren und Pfifferlinge für uns suchen, aber mein Trainer überredete mich, am Nachmittag noch 15 Kilometer im mittleren Bereich zu trainieren. Um die Pilzmahlzeit würde er sich kümmern.

Ich zog also los, schaffte die Distanz in der anvisierten Zeit und wollte auf dem Rückweg noch etwas für meine Streckmuskulatur tun. Alles ganz locker. Ich freute mich auf den Abend, auf die Abreise und auf etwas Zeit mit meiner Frau, die unser Kind erwartete. Gutgelaunt pfiff ich ein Lied vor mich hin, als plötzlich zwei Hirtenhunde hinter einem Wohnwagen hervorstürzten und bellend auf mich zurannten. Um sie zu verjagen, brüllte ich, so laut ich konnte. Aber es half nichts. Sie griffen mich an, und ich konnte mich nicht anders wehren, als nach ihnen zu treten. Der erste Hund zog sich daraufhin ein paar Meter zurück, der zweite drehte den Kopf zur Seite, und ich traf mit meinem linken Schienbein sein Maul. Er wich aus, so daß ich mich blitzschnell nach Steinen bükken und sie mir vom Leib halten konnte. So entkam ich ihnen mit Ach und Krach.

Meine Erleichterung war nur von kurzer Dauer. Ich erzählte unserem Arzt im Trainingslager von dem Vorfall. Er schaute sich mein Bein an, fand die Wunde in der Form eines kleinen Beißzahns aber nicht bedenklich. Vorsichtshalber wollte er sich erkundigen, ob in dieser Gegend im letzten halben Jahr Fälle von Tollwut aufgetreten waren, schließlich liefen viele dieser Hunde im Winter frei herum und verwilderten. Die Botschaft verneinte, der Direktor der Sportschule verneinte ebenfalls, und ich fuhr mit meinem Arztbrief beruhigt nach Hause. Sinnigerweise stand in dem Brief: »Falls Anzeichen von Tollwut auftreten, sofort der zuständigen Tollwut-Impfstelle überweisen.«

Jeder Mensch weiß, bei eventuellen Anzeichen ist die Ansteckung schon so weit fortgeschritten, daß Tollwut nicht mehr heilbar ist. Natürlich schickte mich der für uns zuständige Arzt postwendend nach Gotha. In Begleitung meiner hochschwangeren Frau fuhr ich zur Tollwut-Impfstelle, wo sie mich gleich impfen und dabehalten wollten. Undenkbar! Ich mußte doch zu den Weltmeisterschaften nach Helsinki fahren! Als sie merkten, daß ich absolut nicht mit mir reden ließ, versprachen sie, die zentrale Impfstelle in Leipzig zu konsultieren. Das Ergebnis stellte mich vor eine fast unlösbare Aufgabe: Ich sollte nachweisen, daß »meine« Hunde noch lebten. Hätten sie nämlich Tollwut gehabt, wären sie innerhalb weniger Tage gestorben …

Zig Telefonate folgten. Alle waren in heller Aufregung. Schließlich fuhren ein Tierarzt und ein Botschaftsrat in die Berge, zu dem bulgarischen Hirten. Die Hunde konnten nach meiner Beschreibung eindeutig identifiziert werden, doch der Hirte hatte vermutlich Angst vor Bestrafung. Er schimpfte lautstark, stritt alles ab und behauptete, seine Hunde seien mit ihm ständig auf der Weide gewesen.

Im Zweifelsfall und um auf Nummer Sicher zu gehen, wird ein Patient geimpft. Damit war ich ein Vierteljahr außer Gefecht gesetzt. Ich mußte in Leipzig im Krankenhaus bleiben, bekam eine Impfung nach der anderen, wobei die ersten ziemlich aggressiv waren. Erst nach drei Monaten durfte ich wieder trainieren.

Helsinki war natürlich gelaufen. Ohne mich. Ronald Weigel, mein größter Rivale, wurde Weltmeister. Und ich feierte einen ganz persönlichen Triumph: die Geburt unseres Sohnes Marcus. Während die anderen irgendwo ihre Runden drehten, lernte ich, Windeln zu wechseln und zu waschen, Breichen zu kochen und auf Bäuerchen zu warten. Welcher Athlet konnte das schon?

Bevor Hartwig Gauder aus dem Zimmer geschoben wird, umringen Ärzte und Krankenschwestern der Station H 2 sein Bett. Sie drücken ihm die Hand und wünschen ihm Glück. Die Aussicht, daß wieder ein Patient gerettet werden kann, erleichtert sie. Zwei Krankenschwestern fahren ihn zum Operationssaal in der unteren Etage. Auf dem Korridor kommt ihnen der chinesische Chirurg Dr. Yo Guo Weng entgegen. Auch er wünscht Gauder alles Gute und lächelt ihm zu: »Wir schaffen das schon.«

Später wird Oberarzt Dr. Weng die Transplantation vornehmen. Im Vorbereitungsraum werden dem Patienten Medikamente verabreicht, die den Narkosebedarf senken und die Immunabwehr reduzieren sollen, damit sich der Körper nicht so stark gegen das fremde Organ zur Wehr setzt. Es dauere noch einige Zeit, wird ihm mitgeteilt, man müsse auf das Okay des Entnahmeteams warten. Im Hintergrund dudelt leise Musik, während ihm mehr als ein Dutzend Katheter gelegt werden. Er unterhält sich mit den Anästhesisten über Sport und Reisen in die USA, nach Mexiko, Italien, Spanien, Äthiopien … Sie haben die Erde fast umrundet, als das Telefon klingelt. Grünes Licht für die Operation. Hartwig Gauder atmet auf.

Hoffentlich muß ich nachher bei der Narkose nicht wieder Schafe zählen. Als ich mir beim Radtraining einmal ganz böse die Hand gebrochen hatte und betäubt werden sollte, tauchte ich einfach nicht ab. Ich hörte alles, was um mich herum erzählt wurde. Bis zuletzt. Der Arzt wollte schon mit der Operation beginnen, da schrie eine der Schwestern ganz entsetzt auf: »Der ist noch da! Der ist noch da!«

Schafe erinnern mich immer an den Weltcup in Douglas auf der Isle of Man. Journalisten hatten geunkt, nur Schafe würden uns dort vom Straßenrand aus zuschauen. Natürlich war alles ganz anders, aber um das mitzuerleben, mußten wir knallharte Bedingungen erfüllen. 1983 hatten wir nicht zum Weltcup fahren dürfen, weil einer unserer Sportler zwei Jahre zuvor beim gleichen Ereignis in Valencia geblieben war. Das bedeutete für uns, 1985 in die Qualifikation gehen zu müssen. Ich hatte mich in Naumburg auf nationaler Ebene zu behaupten, und vom internationalen Qualifikationswettkampf in Schweden sollten wir gleich mit drei Siegen nach Hause kommen – anderenfalls hätten wir den Weltcup vergessen können. 1985 hatte es wirklich in sich …

Nach zwei relativ erfolglosen Jahren traf ich nun wieder auf die Weltspitze. Erst hatte mich der Hundebiß aus dem Rennen geworfen, dann fiel Los Angeles für uns wegen des Olympiaboykotts aus. Bis kurz vor Ultimo hatten uns die Leute vom Leichtathletikverband versichert, es werde keinen Boykott geben. Selbst wenn die Sowjetunion sich weigere, werde die DDR-Mannschaft teilnehmen. Man schickte uns sogar in Trainingslager nach Mexiko und Äthiopien, wo wir uns optimal vorbereiten konnten. Vieles sprach also für die Glaubwürdigkeit dieser Beteuerungen.

In Mexiko mußten wir manchmal dreieinhalb Stunden im Auto verbringen, um an Trainingsorte in der Natur zu gelangen. Ich habe diese Strapazen aber gerne auf mich genommen, auch für nur eine Stunde Training, denn auf dieses Erlebnis hätte ich nicht verzichten wollen. Es war hundertmal besser, als um die Häuserblocks in der Stadt zu rennen, wie andere es hielten. Zum Glück gab es einen Geher, der mich begleitete – Axel Noack. So konnten wir uns beim Autofahren abwechseln. Dort oben eine halbe Stunde einen Höhenweg aufzusteigen, der relativ eben war, und beim Trainieren die Weite der Natur zu genießen, entschädigte für alles.

In Äthiopien war das Elend zu groß, um sich unbeschwert an der Landschaft zu erfreuen. Die Kleidung, die ich mitbrachte, wurde den Kindern sofort angezogen. Ein Jahr später kam ich wieder, und sie trugen sie immer noch. Sie haben ja nichts gehabt. Sogar unsere Trinkflaschen stellten einen Wert für sie dar, als Wasserbehälter. Aber obwohl sie so wenig besaßen, luden sie uns zum Essen ein. Wegen möglicher Infektionen durften wir eigentlich nichts nehmen. Dann reichten sie uns ihre geröstete Hirse, und wir haben eben doch mitgeknabbert.

Ich hatte auch traumatische Erlebnisse dort. Einmal mußte ich zusehen, wie ein Mensch erschossen wurde.

Ein ganz armer Schlucker, der das Flughafengelände betreten hatte. Plötzlich kamen Wachsoldaten, verscheuchten ihn, und er ist sofort weggerannt. Wir trainierten gerade, als wir ganz kurz hintereinander einige trockene Knalle hörten. Sie hatten über seinen und unsere Köpfe hinweggeschossen! Einer der Soldaten schwenkte einen alten Karabiner in unsere Richtung. Da gingen wir auseinander, und dieser erbarmungswürdige Mann rannte zwischen uns durch. Er war groß, trug eine zerrupfte Bermuda und ein dreckiges graues T-Shirt mit einem Dreiangel. Als er zwanzig Meter weiter stehenblieb, nahmen die Soldaten ihre Gewehre in Anschlag. Dann gab es wieder einen Knall, einer von ihnen hatte geschossen, erneut daneben. Der Mann machte ein paar Schritte auf sie zu, streckte abwehrend die Hand aus, und im gleichen Moment schoß ihm einer mitten in den Bauch.

In der nächsten Sekunde sind wir losgerannt. Mir war so schlecht. Wahnsinn. Du bist fassungslos. Das kann man nicht verarbeiten, niemals.

Bei all meinen Reisen hat mich interessiert, wie die Menschen leben und warum sie so leben. Deshalb lese ich auch so viel. Religionen haben mich schon früh beschäftigt. In Mexiko hatte ich Gelegenheit, Ausgrabungen zu sehen, in Korea besuchte ich verschiedene Kultstätten, und auf Sri Lanka besichtigte ich einen buddhistischen Tempel. Eigentlich hab ich nichts gesucht, ich wollte nur wissen. – Wissen, wie das da ist. Warum sind sie so? Warum nehmen sie die rechte Hand zum Essen und nicht die linke? Ich habe nicht nach neuen Wegen für mich geforscht, sondern ich wollte die Menschen verstehen. Das ist hier nicht anders. Wenn ich auf verschiedene Auffassungen treffe, interessiert es mich, warum die so sind. Warum ist die Welt heute so gewalttätig? Warum werden die Menschen immer aggressiver? Die

Gründe summieren sich. Das sind die Umweltgifte, wachsende Existenzsorgen, aber auch die Vielzahl optischer und akustischer Einflüsse, die niemand mehr verarbeiten kann. Es fehlt die Ruhe, es fehlt die Toleranz, es fehlt ein sinnvolles Maß, und das transformiert, das ballt sich. Jeder Mensch hat eine eigene Ausstrahlung. Diese Aura kann man fühlen. Und die ist bei vielen gestört. Immer mehr Leute lassen keine Nähe zu, sie blokken ab. Manche lassen andere zu nahe heran, die haben überhaupt keine Identität. Es gibt aber auch die Gesunden, die sich öffnen, ohne sich aufzugeben, die in sich ruhen, ohne nur auf sich selbst bedacht zu sein. Mit denen kann man sich unterhalten und ehrlich lachen. Ich kenne kaum eine bessere Therapie. Denn wer alles ernst nimmt, hat schon verloren. Wo Lachen ist, werden negative Eindrücke und Schmerz vergessen, es baut Spannungen ab und schlägt Brücken zwischen Menschen, die sich vielleicht nie zuvor gesehen haben. Freunde mit Humor sind eine gute Medizin. Wer mich zum Lachen bringt, hat eigentlich schon gewonnen.

Als Waldemar Cierpinski und ich eines Abends auf dem Rasen eines Sportplatzes in Mexiko City lagen, witzelten wir herum. Vor uns der Sonnenuntergang, neben uns ein Sechserpack Bier, das wir uns nach dem anstrengenden Tag redlich verdient hatten. Die Situation war irgendwie skurril. Wir trainierten wie verrückt für eine Medaille in Los Angeles, dabei ahnten wir längst, daß die Olympischen Spiele ohne uns stattfinden würden.

Innerhalb von sechs Wochen hatte ich drei 50-Kilometer-Wettkämpfe zu absolvieren. So was ist unmenschlich. Zumal auch von mir abhing, ob man uns im Oktober auf die britische Isle of Man zum Weltcup fliegen ließ. Ein enormer Druck lastete auf mir. Beim internationalen Qualifikationswettkampf in Schweden sollten wir beide Einzelstrecken, über zwanzig Kilometer sowie über fünfzig Kilometer, gewinnen, um auch noch den Gesamtsieg mit nach Hause zu bringen.

Ralf Kowalski siegte über zwanzig Kilometer, und ich mußte gegen einen unheimlich leistungsstarken Geher aus Norwegen antreten. Arling Andersen inszenierte einen Tempowechsel, wie ich ihn selten erlebt habe. Er war in einer hervorragenden körperlichen Verfassung, ich jedoch drauf und dran, ins Hintertreffen zu geraten. Das konnte ich den anderen einfach nicht antun. Also mobilisierte ich alle meine Kräfte, um mich auf den letzten acht Kilometern abzusetzen und Andersen auf den zweiten Platz zu verweisen. Das war die Fahrkarte nach Douglas!

Den Länderkampf kurz danach in Frankreich gewann ich mit einer solchen Leichtigkeit und 15 Minuten Vorsprung, daß alle überrascht waren, einschließlich ich selbst. Drei Wettkämpfe und drei Siege in nur sechs Wochen, gar nicht schlecht. – Hätte mein Freund Werner Heyer mich übrigens nicht gerettet, wäre Frankreich zu meinem ganz persönlichen Waterloo geworden. Wir starteten in einem Vorort von Paris, das heißt, ich startete beinahe nicht, sondern verschlief. Das erste und einzige Mal vor einem Wettkampf. Bevor die Mannschaftsleitung Wind davon bekommen konnte, zerrte mich Werner aus dem Bett, schnappte sich meine Tasche und kümmerte sich um die Getränke, während ich in meine Sachen schlüpfte und zwei trockene Kekse herunterwürgte. Unser Bus wartete bereits. »Das kann ein schöner Mist werden«, fluchte ich. Kein Auftakttraining, kein Frühstück, nur Magenknurren. Unsere Strecke führte durch Hochhäuserschluchten, rechts und links neben uns drängelten sich die Autos, und wir gingen in die aufsteigende Mittagshitze hinein. Sechs Kilometer vor

Kommen, gehen, siegen? »Das ist der künftige Junioren-Europameister!« wird dem 17jährigen Hartwig Gauder nach zwei Wochen bei den Gehern prophezeit.

Ein perfektes Team: Trainer Siegfried Herrmann und Hartwig Gauder.

Je länger, je lieber: Die 20-Kilometer-Distanz, wie 1974 bei den DDR-Meisterschaften, genügte Hartwig Gauder bald nicht mehr.

Vier Kilo verloren, die Goldmedaille gewonnen: Rekord über 50 Kilometer bei den Olympischen Spielen 1980 in Moskau!

Die Wettkampforte wechselten, die Rivalen nicht: Mit Raul Gonzales aus Mexiko beim Internationalen Gehen 1984 in Naumburg, und mit Ronald Weigel bei den DDR-Meisterschaften 1986

Fast ein Heimspiel: Der gebürtige Schwabe Gauder feiert seinen EM-Sieg 1986 in Stuttgart mit Wjatscheslaw Iwanenko und Waleri Sunzow aus der Sowjetunion (links). Ein Ohrring sorgt für Schlagzeilen: Gauder als Weltmeister 1987 in Rom (rechts).

Das Trio tauscht die Plätze: Iwanenko gewinnt Olympisches Gold 1988 in Seoul, Weigel holt sich Silber, Gauder Bronze.

Keine Medaille, doch ein Sieg über sich selbst: Platz 6 bei den Olympischen Spielen 1992 in Barcelona.

dem Ziel brach ein Geher zusammen und fiel genau zwischen zwei Autos. Ich stellte mich mitten auf die Straße und winkte wie verrückt nach einem Kampfrichter. Als endlich einer erschien, ging ich weiter. Mein Vorsprung blieb mir rätselhaft.

Anschließend lud man uns zu einer Stadtrundfahrt ein, doch als die anderen hoch zur Plattform des Eiffelturms kraxelten, mußte ich passen. Ich war so erledigt, daß ich mich auf eine Bank fallen ließ und mich ärgerte. Wer von uns wußte denn, ob er jemals wieder zum Eiffelturm käme?

Bis zum Weltcup in Douglas hatte ich mich jedoch erholt. Entgegen der Unkenrufe von Journalisten empfingen uns nicht Schafe auf der Isle of Man, sondern wunderbare Menschen, die zu Tausenden an der Strecke standen und uns anfeuerten. Andrej Perlow, einer der weltbesten Geher, und ich starteten bei Kilometer 25 einen gemeinsamen Ausreißversuch. Dann forcierte er das Tempo allerdings so stark, daß ich in Schwierigkeiten geriet. »Ich werd' Zweiter, ich geb' mich zufrieden«, sagte ich zu meinem Trainer. »Es hat keinen Zweck, das Risiko einer Disqualifikation einzugehen.« Die Strecke war sehr windanfällig, erst ein relativ steiles Bergan, dann zurück bergab, und ich war technisch nicht so gut an jenem Tag. Ich lief Gefahr, mir rote Karten einzuhandeln. Aber wie es eben so ist – kurz nachdem ich das gesagt hatte, fragte ich mich bereits, ob ich denn verrückt geworden sei. Du willst doch eigentlich gewinnen! Da hab ich aufgedreht und bin an Perlow vorbeigezogen. Am Ende standen wir punktgleich mit der sowjetischen Mannschaft. Der Gesamtsieg wurde jedoch uns zugesprochen, weil die fünfzig Kilometer gegenüber den zwanzig Kilometern als höherwertig gelten. Wir wußten das gar nicht, aber natürlich haben wir gejubelt.

Auf der Isle of Man hatten wir Glück. Alles war phantastisch organisiert. Schon bei der Ankunft hieß man uns willkommen, niemand mußte sich vor dem Bustransfer stundenlang die Beine in den Bauch stehen. Wir waren nicht in einem Hotelzimmer über einer Diskothek einquartiert, wo man das Schlafen nachts vergessen konnte. Uns erwartete kein Zeltplatz, sondern eine ruhige Unterkunft. Die Mahlzeiten waren auf die Belastungen abgestimmt, also leicht, und bestanden nicht aus Fast food, wie bei der sogenannten Vorolympiade in Los Angeles, an der wir ja noch beteiligt gewesen waren. Die Menschen begrüßten uns herzlich, sie freuten sich wirklich auf uns.

Das alles ist nicht selbstverständlich. Es kann den Ausgang eines Wettkampfes beeinflussen, erst recht, wenn dazu noch Zeitverschiebungen von acht bis zehn Stunden zu verkraften sind. Auch das hatte ich trainiert. Ich mußte ja enorm viel Reisezeit überbrücken, also hab ich unterwegs gelesen oder geschlafen. Ausreichender Schlaf war für mich immer sehr wichtig. Bei großen Zeitunterschieden habe ich aber schon im Flugzeug begonnen, den dortigen Tag zu leben, selbst wenn's zu Hause tiefste Nacht war. Dann hielt ich mich mit Gewalt wach, bis es an meinem Zielort etwa 22.00 Uhr war, um schnell in den anderen Rhythmus hineinzukommen. Solche Kleinigkeiten summieren sich und entscheiden letztlich mit darüber, ob du erfolgreich sein kannst.

Optimal ist ein Gleichgewicht zwischen körperlicher und mentaler Kondition, nicht nur im Sport. Wenn ich versuche, das eine mit dem anderen auszugleichen, habe ich Schwächen und muß einen größeren Arbeitsaufwand betreiben. Doch selbst diese erhöhte Anstrengung ermöglicht es mir letztlich nicht, das zu realisieren, was ich mir ursprünglich vorgenommen hatte. Diese Dysbalance läßt sich nicht kompensieren. In dem Moment, wo ich mental schwach bin, verliere ich an Konzentrationsfähigkeit. Und diese Konzentrationsschwäche strahlt auf den Körper aus. Mit Brille und ohne Brille, damit ist das zu vergleichen. Es genügte mir nie, Kilometer zu schinden, es ging mir immer um die Harmonie von Körper und Geist, Körper und Seele. Erst dann war ich gut.

Um 16.45 Uhr wird Hartwig Gauder vom Vorbereitungsraum in den Operationssaal geschoben. Die Anästhesistin spritzt ihm das narkotisierende Mittel. Ein Schlauch, der mit der Beatmungsmaschine verbunden ist, wird in seine Luftröhre eingeführt. Gauder hört jedes Wort, möchte sich bemerkbar machen, schafft es jedoch nicht. Abrupt sinkt er in einen tiefen Schlaf. Dr. Yo Guo Weng öffnet den Brustkorb, hinter dem er schwerste Verwachsungen vorfindet, die durch die Implantation des Kunstherzens verursacht worden sind.

Dicke Schläuche pumpen das Blut in die Herz-Lungen-Maschine, die den Körper abkühlt, damit der Sauerstoffbedarf gesenkt und bei niedrigeren Blutdruckwerten operiert werden kann. Sie übernimmt die Funktion der Lunge, die Sauerstoff- und Blutversorgung des Patienten. Während der Operation wird die Lunge bis auf ein Restvolumen zusammengeklappt, um dem Chirurgen Zugang zum Herzen zu verschaffen. Dr. Weng präpariert sich mühsam an die kardialen Strukturen heran. Nach äußerster Anstrengung gelingt es ihm.

Als Kind träumte ich, wie sich mein Bett in die Luft erhob und ich über den Thüringer Wald schwebte. Die Häuser sahen aus wie Streichholzschachteln, die Menschen wie Ameisen und die Bäume wie ein grünes Meer, dessen Wellen kamen und gingen, hin und her … Es war wundervoll, mit dem Wind zu gleiten. Ich fühlte mich so frei.

Der zweite Traum, der auch immer wiederkehrte, war eher ein Alptraum. Ich wollte fliehen, wußte aber nicht, aus welchem Grund. Niemand verfolgte mich. Hinter mir war nichts Bedrohliches, nur tiefe Dunkelheit, und wie sehr ich mich auch anstrengte, ich konnte einfach nicht wegrennen.

Meine Kindheit in Vaihingen/Enz, das ist wie ein leerer Korridor für mich. Wir wohnten in einem Mehrfamilienhaus mit einem Satteldach. Ich sehe asphaltierte Straßen an einem Berg, sonst fast nichts. Selbst wenn ich Fotos betrachte, finde ich keinen Bezug. Ich könnte nicht sagen, da stand mal meine Eisenbahn, da stand mein Bett, da habe ich mir die Nase aufgeschlagen … An unser Haus grenzte ein Bauernhof, das weiß ich noch. Einmal stand ich dort an einem Misthaufen und wollte pinkeln, als ein Schwein angerast kam. Es lief genau zwischen meine Beine, riß mich hoch und rannte weiter. Mit mir – ich hockte verkehrt herum auf der wild gewordenen Sau und schrie. Ich schrie auch noch, nachdem mein Vater mich heruntergezerrt hatte. Seine Angst um mich und seine Wut auf das Schwein hielten sich vermutlich die Waage.

Beim Fasching im Kindergarten sollte ich als Koch gehen, das Kostüm paßte jedoch nicht. Unter der viel zu engen Mütze standen meine Ohren ab wie bei Batman. Bruchstücke, an mehr erinnere ich mich nicht.

Mein Vater hat als Hilfsarbeiter Bleche zugeschnitten, auch meine Mutter arbeitete im »Blechle«, immer in drei Schichten. Tagsüber ging ich zu meiner Tante. Eigentlich wuchs ich als Einzelkind auf, meine Schwester wurde ja erst 1961 geboren, und da hatte sich für uns längst alles geändert. Meinen Eltern gefiel es nicht an diesem Ort, die Arbeit war schwer und wurde schlecht bezahlt. Irgendwann hatten sie sich dazu entschlossen, das Land zu verlassen und zu Verwandten meines Vaters nach Detroit auszuwandern. Die Schiffspassage in die USA stand sogar schon fest. Als meine Großmutter in Thüringen das hörte, schlug sie Alarm. »Ich möchte nicht, daß meine Tochter über den großen Teich zieht! Sie ist die Älteste, sie erbt das Haus und zahlt ihre beiden Geschwister aus.« Schluß, aus, fertig! Großmutter hatte gesprochen. Und meine Eltern konnten dem Angebot nicht widerstehen. Ich muß hier arbeiten, ich muß da arbeiten, also was soll's, sagte sich mein Vater und ging mit.

So landeten wir im Mai 1960 in Ilmenau. Das heißt, als erstes mußten wir für drei oder vier Wochen nach Probstzella in ein Auffanglager. Es handelte sich um ein schloßartiges Gebäude mit einem Park. Zunächst waren dort Begründungen zu schreiben, warum, wieso, weshalb … Mein Vater erklärte wohl, er wolle seinem Sohn eine ordentliche Schul- und Berufsausbildung ermöglichen. Genau hat er es mir nie erzählt. Als mein Onkel uns im Lager besuchte, steckte ihm mein Vater heimlich Geld in die Manteltasche. Man durfte nur eine begrenzte Summe transferieren, aber natürlich brauchten meine Eltern ihre Ersparnisse für den Neuanfang und das Haus, von dem sie wußten, daß es saniert werden mußte.

Es handelte sich um ein schön gelegenes Reihenhaus, das Ende der zwanziger Jahre gebaut worden war und zu einer Siedlergemeinschaft gehörte. Wer dort wohnte, trat ihr automatisch bei, und so ergaben sich bald die ersten Kontakte. Mein Vater war ein Arbeitsmensch, er konnte nur arbeiten. Er hat das Kulturhaus des Vereins mit aufgebaut, und meine Mutter hat Ausstellungen oder Heimatabende mitorganisiert. Es gelang ihm sogar, vom Hilfsarbeiter zum Schichtleiter aufzusteigen, als Kunstharzspritzer. Plasteverarbeitende Industrie, Betriebsteil 5, Ruhla. Kurz gesagt: Trabant-Rückleuchten.

Es war nicht die gesündeste Arbeit. Am Eingang einer Fließlinie wurde Granulat in einen Trichter gefüllt, erhitzt und in eine Spritzform gegossen. Alles mit Normvorgabe. Die fertigen Teile mußten mit der Hand entgratet werden. Das hat meine Mutter gemacht, als sogenannte Entgraterin. Jahrelang war sie dem gefährlichen Staub ausgesetzt. Sie starb an Krebs. Zuerst hatte sie Brustkrebs und später auch noch Magen-Darm-Krebs. Es war furchtbar.

Beide haben sich eigentlich nie etwas gegönnt. Sie verdienten ihr Geld in einem Schichtbetrieb, und in der Freizeit nahm sie unser tausend Quadratmeter großer Garten in Anspruch. Dort haben sie Blumen angepflanzt, Gemüse, Obst, Kräuter. Sie hielten Gänse, Hühner und Kaninchen, alles zum Nebenerwerb. Anfangs gab es ja auch noch die Buttermarken, es reichte hinten und vorne nicht, also hat man sich selber geholfen. Und seit ich mich erinnern kann, hat mein Vater an dem Haus rumgebaut, außen, innen, außen, innen, innen, außen …

Jahre später sagte er einmal zu mir, der Umzug vom Westen in den Osten sei eine Fehlentscheidung, eine Kurzsichtigkeit gewesen. Sie hätten besser daran getan, zu seinen Geschwistern nach Detroit zu gehen. Er machte kein Gewese darum, aber ich verstand. Obwohl es ihnen bei der Übersiedlung zugesichert worden war, durften sie ihre Verwandten nicht mehr besuchen. Für mich sah die Sache ganz anders aus. Ich habe von ihrem Schritt profitiert, konnte mein Abitur machen, ein Studium beginnen und mich vor allem im Sport entwickeln.

Es war eine unglaublich schöne Kindheit für mich. Ich hatte meine Freiheiten und Freiräume, konnte spielen, rumrennen, Streiche aushecken. Unsere Clique hat sämtliche Gartentore in der Siedlung unbemerkt ausgehängt und auf einem Haufen gestapelt. Am nächsten Tag spielten wir die Helden und hängten sie wieder ein – bei den Leuten, die uns sympathisch waren. Zwei, auf die das nicht zutraf, mußten sich ihre Tore selbst holen. In der Schule verständigten wir uns in einer Geheimsprache, sind damit allerdings mörderisch reingefallen. Die neue Klassenlehrerin kannte sie schon. Eine tolle Zeit. Es gab natürlich auch Momente …

Damals kamen manchmal Luftballons mit Flugblättern über die Grenze geflogen. Einige zerplatzten über unserer Siedlung. Ich fand zwei dieser Flugblätter, brachte sie zu meinem Vater und fragte, was das denn sei. Es war etwa 1960 oder 1961, ich konnte noch nicht lesen. Mein Vater meinte nur: »Oh, das sind Kochrezepte.« Langweiliges Zeug also, deshalb trollte ich mich und ging wieder spielen. Auf der Straße hielt mich ein Mann an, so eine Art Blockwart, der für die Siedlung zuständig war, und erkundigte sich, ob ich Flugblätter gesehen oder gefunden hätte. Ich winkte bloß ab: »Nö, nö, das waren nur Kochrezepte …« Prompt marschierte er zu meinem Vater und stellte ihn zur Rede. Als ich gegen Abend nach Hause kam, erwartete mich eine Tracht Prügel, die sich gewaschen hatte, die einzige in meinem Leben. Mensch, war ich sauer – alles wegen so'n paar blöder Kochrezepte …

In Ilmenau bin ich zehn Jahre zur Schule gegangen, dann wechselte ich nahtlos nach Erfurt. Eigentlich wollte ich Schauspieler werden. Ich hab in Laiengruppen mitgespielt, das ging vom Deutschlehrer aus. Mein erstes Stück war »Der Kasper und das Zaubertüchlein«. Wir führten es zu Weihnachten vor den Kindern in der Siedlung auf. Wenn ich der Gretel das Wahrheitstuch umgelegt hatte, sagte sie immer die Wahrheit über mich. Die war nicht sehr schmeichelhaft. Ich hatte eine schrecklich lange Nase, trug eine Zipfelmütze und eklige Schuhe …

Meinen größten Reinfall erlebte ich am 8. März, Frauentag. Ich sollte ein Gedicht von Erich Kästner rezitieren. »Sogenannte Klassefrauen«. Inbrünstig schmetterte ich in den Saal: »Sind sie nicht pfui teuflisch anzuschauen?/Plötzlich färben sich die ›Klassefrauen‹,/weil es Mode ist, die Nägel rot!/Wenn es Mode wird, sie abzukauen/oder mit dem Hammer blau zu hauen,/tun sie's auch. Und freuen sich halbtot …« Von wegen! Die Frauen im Saal haben gebuht. Dabei hatte ich mir solche Mühe gegeben, ich verstand's nicht.

Der Lehrer hatte das Gedicht bewußt ausgewählt. Er ist ein phantastischer Mensch, auf den lass ich nichts kommen, aber er hatte mit Frauen nichts im Sinn. Das wurde mir erst später klar, als wir uns zufällig trafen und darüber redeten.

Von der Schauspielerei hielt mein Vater überhaupt nichts. »Erst lernst du einen ordentlichen Beruf!« Ich hatte den Lehrvertrag mit Carl Zeiss Jena schon in der Tasche, Zerspanungsfacharbeiter mit Abitur, Internatsplatz, alles klar. Mich lockte die Laienspielgruppe dort, denn nach der Berufsausbildung wollte ich endlich Schauspieler werden.

Mit meinen ersten Erfolgen im Gehen waren diese Ambitionen vergessen. Statt nach Jena zog ich 1971 in die Kinder- und Jugend-Sportschule nach Erfurt. 15 Jahre darauf schloß sich für mich ein großer Kreis – ich fuhr nach Stuttgart.

Um dem Medienrummel zu entgehen, reiste ich drei

Tage vor den Europameisterschaften mit dem Zug an. Wir waren in Stuttgart-Vaihingen untergebracht. Nur fünfzig Kilometer entfernt, in Vaihingen/Enz, war ich geboren worden. Ich bereitete mich völlig zurückgezogen auf den Wettkampf vor.

Nach etwa dreißig bis 35 Kilometern habe ich mich gemeinsam mit drei sowjetischen Gehern vom Hauptfeld absetzen können. Diese Troika machte natürlich Tempo und wollte mich abhängen. Sie wechselten einander bei der Führungsarbeit ab, was mir sehr zugute kam. Ich wußte, wenn ich ihnen als vierter Mann ständig auf den Fersen bleibe, werden sie irgendwann nervös und anfangen, sich gegenseitig zu bekämpfen, um dann jeder für sich selbst die bestmögliche Plazierung herauszuholen. Als genau das eintraf, teilte sich die Gruppe. In Führung blieben nur noch zwei sowjetische Geher und ich. Dadurch konnte ich besser reagieren und ihnen mein Tempo aufzwingen. Nach 45 Kilometern löste ich mich von ihnen und ging allein zum Ziel.

Am stärksten motiviert hat mich in Stuttgart, daß ich erstmals bei einem solchen Wettkampf meine ganz persönlichen Zuschauer hatte. Mein Schwiegervater war Rentner geworden, durfte nun in den Westen reisen und hatte es sich nicht nehmen lassen, mich gemeinsam mit einem Freund aus Offenbach anzufeuern. Mir hat das viel bedeutet.

Diese Schizophrenie ist ja heute kaum noch nachvollziehbar. Ich war gerade Europameister geworden, durfte aber meine Verwandten, die aus Vaihingen/Enz angereist waren, meinen Schwiegervater und seinen Freund nach dem Wettkampf nicht treffen. Als Marion und ich 1976 geheiratet hatten, in der Kirche, obwohl ich Kandidat der SED war, sollten wir eine Erklärung unterschreiben, daß wir keine Kontakte zu unseren Verwandten im Westen unterhalten werden. Marion hatte viele Angehörige dort und weigerte sich strikt, eine solche Verpflichtung einzugehen. Für mich war es sehr problematisch. Ohne internationale Wettkämpfe hätte ich aus dem Sport ein Hobby machen können, sie mußten mich ja nicht fahren lassen. Ich stand am Anfang einer Laufbahn, die ich gefährdet sah, also gab ich ihnen die Unterschrift.

Indirekt hat mich meine Verwandtschaft im Westen geschützt. Man verhielt sich vorsichtiger mir gegenüber. Doping war kein Thema für mich. Mir wurde vor den Europameisterschaften in Athen zwar ein sogenanntes Überbrückungsmittel angeboten, aber als ich es entschieden ablehnte, bedrängte man mich nicht. Ich hätte es ja ganz schnell ausplaudern können ... Eine verkehrte Welt.

Mein Vater sagte nicht viel, hatte aber seinen eigenen Kopf. Wenn er etwas nicht richtig fand, machte er aus seinem Herzen keine Mördergrube. Er hielt sich an das, was gut war, und gab sein Bestes. Kritisch und positiv. Das hat mich geprägt und veranlaßt, immer mit offenen Augen zu gehen.

Seit etwa zwei Stunden liegt Hartwig Gauder auf dem Operationstisch. Dr. Weng hat beide Hohlvenen kanüliert, als das Entnahmeteam eintrifft. In einer Kühlbox mit einer eiskalten Formalinlösung befindet sich das Spenderherz. Jetzt muß es innerhalb kurzer Zeit implantiert werden, sonst besteht die Gefahr, daß es nicht »anspringt«. Unterstützt von einem Oberarzt und einem weiteren Assistenzarzt, entfernt Dr. Weng zunächst das TCI-System, nachdem Gauder zehn Monate mit diesem Kunstherzen gelebt hat. Anschließend wird das natürliche Herz aus den restlichen Verwachsungen gelöst und reseziert. Die Eintrittspforte einer Kanüle im Bereich der rechten oberen Lungenvene wird von Fibrinthromben, also Gerinnseln, gesäubert und verschlossen. Der entscheidende Schritt steht bevor: die Implantation des Spenderorgans.

In New York bin ich 1987 aus dem Flugzeug gestiegen und spürte sofort – diese Stadt liebe ich! Ihr Flair hat mich fasziniert. Von der Hektik habe ich mich nicht anstecken lassen. Im Gegenteil, ich hab einfach beobachtet: die Wolkenkratzer, die Baustile, die Geschäfte, die Restaurants, die Plakatwände, die U-Bahn, die Taxis, den Wechsel zwischen Parks und Anlagen, die Menschen, deren Witz und Offenheit mich verblüfften.

Am Washington Square stand ein Mann auf einem Podest und hielt eine Rede: »Wir Amerikaner sind doch arme, ungebildete Leute. Kommen Europäer zu uns, sprechen sie mindestens zwei Sprachen, Deutsch, Englisch, Französisch, Englisch, Spanisch ... Und was ist mit uns Amerikanern? Wir können nur eine Sprache – Spanisch.«

Ein anderes Mal wartete ich vor einem Laden, der rund um die Uhr geöffnet war. Die anderen kauften etwas zu essen, wir mußten uns 1987 beim Weltcup ja selbst versorgen, weil wir nicht viel Geld hatten. Am Eingang stand ein Mann in einem guten Trainingsanzug und mit tollen Nike-Schuhen. Ständig murmelte er vor sich hin: »A quarter please, a quarter please ...« Nach zehn Minuten dachte ich mir, jetzt mußt du doch mal rauskriegen, was der will. Ich also hin und fragte, was er denn mit dem »quarter« meine. Und er fauchte mich an: »Man! Twenty five cents!«

Als ich mir ein paar Tage später bei »Pizza hut« gerade etwas zu essen gekauft hatte, kam so ein abgerissener

Typ, erzählte mir, daß er hungrig sei und wie schlecht es ihm gehe. Also drückte ich ihm meine Pizza in die Hand und sagte, er solle sie sich schmecken lassen. Ich lächelte ihm noch zu, und was machte er? Er hat sie weggeschmissen! Natürlich wollte er Geld haben. Ich aber auch. Denn von zehn Mark Tagegeld konnte ich mir keine Pizza mehr leisten und das Essen im Hotel erst recht nicht. Da war ich doppelt sauer.

Zuerst wohnten wir im YMCA, dem Christlichen Verein für junge Männer, die ihre Jugend ganz geschickt getarnt hatten. Unter grauen Haaren. Wegen der nach dem vierwöchigen Trainingslager in Mexiko nötigen Höhenrückanpassung waren wir bereits zehn Tage vor dem Weltcup angereist. Es lief phantastisch, wir konnten sogar im Central Park trainieren. Die Organisatoren hatten wochentags eine Spur und am Wochenende sämtliche Spuren für den Autoverkehr sperren lassen. Der Park gehörte den Athleten und Scharen von Walkern, die hier ganz entspannt ihre Runden drehten. Es war Frühling in New York, die Mandelbäumchen blühten, und alles atmete auf.

Wir sollten an der gleichen Stelle starten wie der New-York-Marathon, 139 Geher hatten sich für den 50-Kilometer-Wettkampf angemeldet. Nachteilig war, daß wir diese Distanz auf einem 2,5-Kilometer-Rundkurs absolvieren sollten, eine verdammte Schaukelstrecke. Ein Stück bergab, ein Stück gerade und dann wieder ein Stück bergauf – Wende, bergab, gerade und bergauf. Es war einer der härtesten Wettkämpfe meiner Laufbahn, und am Ende belegte ich total erschöpft den zweiten Platz hinter Ronald Weigel. Dritter wurde Dietmar Meisch. Da wir uns den Sieg über zwanzig Kilometer ebenfalls geholt hatten, gewannen wir den Weltcup auch diesmal.

Auf dem Siegerpodest sagte ich zu Ronald Weigel:

»Ron, ich gratulier' dir. In diesem Jahr gewinnst du die kleinen und ich die großen Sachen.« Ich grinste, er grinste zurück. Die nächste Runde war eröffnet, die Karten wurden neu gemischt. Ich hatte den Mund sehr voll genommen, nun mußte ich meinen Worten natürlich auch Taten folgen lassen. Die erste Gelegenheit dazu bot sich bei den Weltmeisterschaften in Rom.

Wir wohnten in Castel Gandolfo, allerdings nicht in der Sommerresidenz des Papstes, sondern in einer kleinen Pension. Gleich in der Nähe befand sich ein See, auf dem die Ruderer 1960 bei den Olympischen Spielen gestartet waren. Idylle pur. Er verlockte zum Baden und gaukelte mir Bilder von Oasen vor, während ich Staub auf endlosen Landstraßen aufwirbelte. Es war sehr heiß, nichts zog mich in die Ewige Stadt, im Gegenteil. Ich freute mich, erst am Vorabend des Wettkampfes in das Hotel der Mannschaft nach Rom fahren zu müssen.

Die Mexikaner drehten gleich nach dem Start voll auf, viel zu früh und auch nur, weil das mexikanische Fernsehen zu diesem Zeitpunkt live dabei war. Ihre Demonstration sollte sich bitter rächen. Zwei der drei Athleten stiegen völlig entnervt und körperlich geschwächt aus. Iwanenko, Weigel und ich setzten uns zu dritt ab. Wir hatten etwa 35 Kilometer zurückgelegt, als ich plötzlich bemerkte, daß Ron eine schwache Phase hatte. Nach kurzem Blickkontakt mit Iwanenko beschleunigte ich meine Geschwindigkeit. Er heftete sich an meine Fersen, wir hatten uns wortlos verbündet. Und es gelang. Ronald Weigel fiel schnell 150 bis 200 Meter zurück. Dieses Tempo war jedoch zu hoch und unmöglich durchzuhalten, das wurde mir bald klar. Ich hätte einen Schwächeanfall riskiert. Mir blieb nichts anderes übrig, als den sterbenden Schwan zu mimen. Ich habe stärker geatmet, ventiliert und die Arme etwas höher genommen. Jeder

Eingeweihte reagiert auf solche Äußerlichkeiten, weil er glaubt, daß der andere Probleme bekommt. Das war nicht der Fall, aber es wirkte. Iwanenko beschleunigte das Tempo noch einmal, ich konnte mich hinter ihn setzen, seinen Rhythmus aufnehmen und wurde gezogen. Etwa sechs Kilometer vor dem Ziel – Ronald näherte sich bereits wieder – startete ich einen Ausreißversuch. Jetzt fiel Wjatscheslaw Iwanenko zurück und wurde von Weigel eingeholt. Der hatte sich mittlerweile so stark erholt, daß er mich wahnsinnig trieb. Um zu gewinnen, mußte ich die letzten fünf Kilometer in 20 : 27 Minuten gehen. Das kann man sich nicht vorstellen! Dieses Ergebnis entsprach der Durchgangszeit von 20-Kilometer-Gehern. Ich hatte eine Wut im Bauch! Dieser blöde Hund, dachte ich, soll er sich doch zufriedengeben, ich lasse nicht nach! Ron wurde Zweiter, ich hatte meine Ankündigung wahr gemacht. Aber wie …

Am nächsten Tag veröffentlichte die größte Tageszeitung in Rom ein halbseitiges Foto von mir, wie ich jubelnd im Ziel stand, den linken Arm erhoben. Mein Ohr hatten sie weiß eingekreist, ein Pfeil zeigte auf den winzigen Ohrring, den ich mir in Mexiko bei einem Abendausflug auf dem Markt gekauft hatte. Nichts besonderes, nur eine Brillantimitation mit Goldauflage. Es geschah aus einer Laune heraus. Die Restriktionen im Trainingslager ödeten mich mit zunehmendem Alter immer mehr an, obwohl wir Geher der totalen Aufsicht wenigstens dann entkamen, wenn wir außerhalb der Stadien trainierten. Die Sprinter hatten es nicht so gut. Für die war es extrem trist. Mich hatte dieses ewige Reglementieren schon zwei Jahre zuvor so sehr genervt, daß ich mir eine »Popperlocke« hatte wachsen lassen.

Für meinen Ohrring hatte ich mir eine Kanüle besorgt, und vom Koch ließ ich mir eine Kartoffel geben, die ich hinter das Ohr legte, um es besser durchstechen zu können. Nach langem Hin- und Herzirkeln gelang es mir, den Ring hineinzuschieben. Mein Ohr blutete zwar, aber mit etwas Desinfektionsspray konnte nichts schiefgehen. Niemand nahm Notiz von meiner Aktion, jedenfalls nicht offiziell. Bis dieses Bild in der römischen Zeitung erschien.

Als ich einem Sport-Professor aus Leipzig am Morgen im Fahrstuhl begegnete, wedelte er damit herum. »Weißte, was du angerichtet hast?!« waren seine Worte. »Hier in der Zeitung steht, daß du nur gewinnen konntest, weil du einen Mini-Sender im Ohrläppchen hattest und dadurch optimal gecoacht werden konntest.« Ich winkte ab: »Wie achtzig Prozent unserer Frauen.« Mehr habe ich nicht gesagt, obwohl mir diese Anmache heftig aufstieß. Aus allem wurde ein Staatsakt gemacht. Die Mannschaftsleitung regte sich auf, ich regte mich auf, und warum das Ganze?

Am Nachmittag, beim Empfang in der Botschaft, erkundigte ich mich nach der Zeitung und fragte, ob mir jemand den Artikel und die Bildlegende übersetzen könne. Und was stand da? Ein neuer Geist sei in das DDR-Team eingezogen, mehr Freiheit, sogar die Männer dürften jetzt Ohrringe tragen …

Dr. Yo Guo Weng implantiert das vorbereitete Spenderherz. Mit Kunststoffäden näht er es zunächst an die beiden Vorhöfe, dann an die Pulmonalarterie und schließlich an die Aorta. Jetzt folgt der spannendste Moment: Er läßt allmählich Blut in das Herz laufen, hebt es vorsichtig an und klopft es ganz leicht, damit die Luft entweicht. Erst wenn es gut entlüftet ist und Körpertemperatur erreicht hat, darf die Klemme an der Körperschlagader geöffnet werden. Minuten später ist es soweit. Nach einem kurzen Stillstand beginnt das Herz kräftig zu flimmern. Bald findet es, unterstützt von der Herz-Lungen-Maschine, zu einem stabilen Sinusrhythmus. – Es schlägt.

Mein kleines Manöver in Rom hatte mir Wjatscheslaw Iwanenko nicht vergessen. Er wollte Revanche. Seine Stunde kam ein Jahr darauf bei den Olympischen Spielen in Seoul.

Die Monate davor bestanden nur aus Wettkämpfen und Training, neun Stunden täglich, ein Full-time-Job. Ich war kaum zu Hause. Seit 1980 nutzten wir die sogenannte Unterdruckkammer in Kienbaum bei Berlin für die Vorbereitung. In dieser Kammer wurden Höhenbedingungen – Hypoxie – geschaffen. Ein Ruderbecken mit Gegenstromanlage befand sich in der unteren Etage. Vier Laufbänder standen uns in der obersten und auf der Nullebene zur Verfügung. Sie waren so konzipiert, daß man den Neigungswinkel individuell einstellen und dadurch ideale Anstiegsbedingungen simulieren konnte. Am »Herkules« absolvierten wir unser Krafttraining.

Kienbaum war jedoch nur eine Station innerhalb einer ganzen »Hypoxiekette«, die wir aufgebaut hatten. Das heißt, ich trainierte stufenweise in Ländern mit unterschiedlichen klimatischen Bedingungen und Höhenlagen. Es begann mit 900 Metern in Oberhof, setzte sich im November oder Dezember fort mit 2300 bis 2600 Metern in Bulgarien, dann im Januar mit 3600 Metern in Äthiopien, gefolgt von Kienbaum sowie Trainingslagern in Bulgarien und in Mexiko, wo wir uns in Höhen bis zu 4000 Metern bewegten. Teilweise gingen wir dort vierzig bis 45 Kilometer nur bergan, hoch zum Nevado de Tuluka oder zum Pope Katepedel. Vormittags – und nachmittags – auf lockerem Vulkansand noch einmal fünfzehn Kilometer. Das Kompensationstraining, etwa zehn bis zwanzig Kilometer durch einen Wald bei Tuluka, kam fast schon einer Erholung gleich. Am Ende kehrten wir derart ausgehungert ins Quartier zurück, daß wir die Speisekarte rauf und runter hätten essen können. In Mexiko hatten wir noch die Wahl, in Äthiopien überhaupt nicht mehr. Es fehlte ja an allem. Weil an Abwechslung nicht zu denken war, brachten wir es in einem Trainingslager mal auf 56 Eier allein zum Frühstück, gekocht, gerührt, gebraten …

Zweimal im Jahr, vor absoluten Wettkampfhöhepunkten, machte ich eine Diät. Ein paar Tage lang nahm ich nur Fette zu mir und dann dreieinhalb Tage nur Kohlehydrate, damit die Glykogenspeicher sich richtig vollsaugen. Getränke und Trinkmenge habe ich darauf abgestimmt. Mit dieser Diät wollte ich nicht abnehmen – ich wog 68 Kilo, das war ideal –, sondern erreichen, daß die Energiespeicher aufgefüllt wurden. Das muß man sich so vorstellen: Zunächst werden die Kohlenhydrate immer weniger, dann führe ich vermehrt Kohlehydrate zu, und die Energiespeicher saugen sich voll. Mit diesem Schaukeleffekt gewinnt man dreißig Prozent Energie. Hin und wieder versuchte ich auch, bestimmte Trainingsabläufe nüchtern zu absolvieren, um direkt an die körpereigenen Fette heranzukommen und den Energieumwandlungsprozeß in Gang zu setzen. Die Fette müssen ja auch in Kohlehydrate umgewandelt werden, wenn sie als Energie zur Verfügung stehen sollen. Und das bedarf wieder eines erhöhten Energieaufwandes. All diese Faktoren habe ich bewußt genutzt, um meine Leistungsfähigkeit zu steigern und zum richtigen Zeitpunkt in der bestmöglichen Form zu sein.

Ich fuhr gut vorbereitet nach Seoul, kam aber spät an.

Die anderen hatten bereits gegessen, und als mich der Kellner im Restaurant nach meinen Wünschen fragte, meinte ich, ein schönes Steak wäre nicht schlecht. Er vergewisserte sich beim Dolmetscher, ob es ein gutes Stück sein solle. »Klar«, nickte ich, »ein gutes Steak.« Es war zwar rötlich und ein bißchen langfasrig, schmeckte jedoch nicht schlecht. Den süßen Geschmack führte ich auf die Rosinensoße zurück, etwas gewöhnungsbedürftig, aber warum nicht. Ausgehungert, wie ich nach der langen Anreise war, aß ich den ganzen Teller leer. Die verstohlenen Blicke der Kellner waren mir nicht entgangen, aber ich dachte mir nichts dabei. Vielleicht warteten sie auf ein Kompliment für den Koch, keine Ahnung. Mein Appetit sprach ja für sich selbst.

Am nächsten Tag fragte mich der Dolmetscher, ob ich wisse, was ich gestern zu mir genommen hätte. Natürlich nicht, jedenfalls nicht genau. Steak sei doch Steak, oder? Er hob die Hände, aber nein, es habe sich um äußerst delikates Fleisch gehandelt – von einem Hund, einem Chow-Chow. Mir drehte sich der Magen um. Bis heute habe ich Probleme, einem Chow-Chow in die Augen zu schauen.

Meinen Start beim olympischen Wettkampf beeinträchtigte diese Mahlzeit übrigens nicht. Anfangs lief es so, daß der alte Butler aus »Dinner for one« es mit seinem berühmten Satz hätte kommentieren können: The same procedure as last year ... Und Miss Sophie hätte dazu genickt.

Also, Iwanenko, Weigel und ich rissen aus. Alle blieben hinter uns, nur der sowjetische Geher Alexander Potaschow hielt sich mit zwanzig Metern Abstand hartnäckig in unserer Nähe. Da wir inzwischen schon ein eingespieltes Trio waren, gelang es uns irgendwann, ihn deutlich zu distanzieren. Das war mein Glück, denn Iwanenko überraschte uns ungefähr acht Kilometer vor dem Ziel mit einem rasanten Ausreißversuch.

Da ich vorher angekündigt hatte, daß dies mein letzter internationaler Wettkampf sein solle, und ich meinen Abgang mit einem Sieg krönen wollte, folgte ich Wjatscheslaw Iwanenko auf dem Fuße. Entweder hatte ich mich überschätzt oder Iwanenko unterschätzt. Er war in glänzender Verfassung, kaum zu schlagen, jedenfalls nicht von mir. Ich ging bis zum Punkt der totalen Erschöpfung mit, mußte dann allerdings seinem hohen Tempo Tribut zollen. Ronald Weigel zog an mir vorbei, und ich schaffte es mit Ach und Krach als Dritter ins Ziel.

In einer anderen Situation und zu einer anderen Zeit hätte ich vielleicht nachgegeben. Dann hätte sich Iwanenko vierzig Meter vor mir festbeißen können, und mir wäre es eventuell gelungen, mir meine Kräfte besser einzuteilen. Statt dessen kroch ich wirklich auf dem Zahnfleisch. Soviel zum Blues von der letzten Gelegenheit. Ich nahm Abschied und schwor mir, beim nächsten Mal wird alles anders.

Nachdem das Herz angefangen hat zu schlagen, übergibt das Operationsteam schrittweise Arbeit an dieses Organ. Die Ärzte beobachten konzentriert, wie sich der Blutdruck des Patienten verhält, der Lungenarteriendruck … Dutzende Katheter führen in seinen Körper, Zentralkatheter, Pulmonalkatheter, Blasenkatheter, eine Magensonde, Schrittmacherdrähte … Alles dient der ständigen Versorgung und Kontrolle. Das Spenderherz schlägt gleichmäßig und ruhig, die Herz-Lungen-Maschine kann auch das letzte Blut hineinleiten. Vorsichtig löst Dr. Weng die Kanülen aus den Aorten und versorgt die Nähte akribisch. Er berührt das Herz äußerst sen-

sibel, um zu sehen, ob alles trocken ist, kein Blut austritt und die Nähte dicht sind.

Ein heikler Moment, der wirkliches Fingerspitzengefühl voraussetzt. Aber Dr. Weng ist zufrieden. Behutsam näht er den Herzbeutel zu. Zwei Drainageschläuche werden gelegt, die eventuell austretendes Blut ableiten sollen. Nun kann der Körper schichtweise verschlossen werden. Das Brustbein wird mit Stahldrähten zusammengefügt. Am Ende muß nur noch die Haut genäht werden.

Gegen 22.00 Uhr ist die Operation beendet. Oberarzt Dr. Weng dankt den Ärzten und Schwestern für ihren Einsatz. Alle sind froh über den komplikationslosen Verlauf. Hartwig Gauder kommt in gutem Zustand auf die Intensivstation.

Am 27. Oktober hatte ich mich bei den Olympischen Spielen vom Leistungssport verabschiedet, am 29. Oktober 1988 wurde ich von meinem Verein für die Nationale Volksarmee freigemeldet. Man ließ mich fallen wie eine heiße Kartoffel. Sie waren mit meinem Rücktritt nicht einverstanden, jetzt folgte die Retourkutsche. Anfang November durfte ich zur Musterung antreten. Im März sollte ich für ein halbes Jahr nach Bad Salzungen einberufen werden. Mir verschlug es fast die Sprache. »Ja, und was ist mit meinem Studium«, fragte ich am Schluß. Großes Staunen: »Wieso, studieren Sie?« »Allerdings«, bejahte ich, »eingeschrieben in Weimar.« Der Offizier schaute in meine Akten. »Bis wann studieren Sie denn?« Ich erklärte ihm, daß ich sicher nicht vor 1993 fertig sein würde. »1993 …«, rechnete er, »sind sie 38, 39 Jahre alt. Aber wir sehen uns noch.« Mit diesen Worten verabschiedete er mich. Wir haben uns nie wiedergesehen. Fast auf den Tag genau zwölf Monate später kam die Wende.

Ich hatte tatsächlich mein Architekturstudium in Weimar begonnen. Wobei »begonnen« nicht ganz korrekt ist, denn es handelte sich um den zweiten Anlauf. Bereits 1974 hatte ich mich dort immatrikuliert, aber natürlich konnte ich nicht beides machen – 250 Kilometer in der Woche trainieren und mich zur gleichen Zeit mit Statik, Physik oder Industriebau beschäftigen. Nun fing ich ganz von vorn an und ächzte. Das lange Sitzen in den kleinen Seminarräumen fiel mir beinahe ebenso schwer wie das Büffeln der Theorie. Ich mußte lernen, mit der rechten Hand zu zeichnen, nachdem ich mir mein linkes Handgelenk beim Radtraining zertrümmert hatte und es trotz zweier Operationen deutlich versteift blieb. Auch das Abtrainieren durfte ich nicht vernachlässigen. Schon nach wenigen Monaten merkte ich jedoch, daß mir etwas Wesentliches fehlte. Leistungsmäßig fühlte ich mich überhaupt nicht ausgepowert. So begann ich, heimlich zu trainieren und die Umfänge wieder etwas auszubauen. Ich spürte, wie ich auflebte. Ein Gedanke nahm immer mehr Gestalt an und setzte sich in mir fest – Rücktritt vom Rücktritt.

Nachdem ich mit meiner Familie gesprochen hatte, stellte ich im September 1989 bei der Erfurter Klubleitung einen Antrag auf Wiedereingliederung in den Hochleistungssport. Mehrmals fragte ich im Leichtathletikverband nach, doch immer hieß es, es sei nichts vom SC Turbine eingereicht worden. Da in dieser Zeit ohnehin alles drunter und drüber ging, wurde meinem Antrag erst Monate später stattgegeben. Trainiert hatte ich natürlich trotzdem.

Mein Comeback verlief nach einem Jahr Pause alles andere als ruhmreich. Zumindest der erste Anlauf. Ich verbockte den Qualifikationswettkampf in Naumburg total. Kurz vorher hatte mich ein Infekt geschwächt, und von meinem eigentlichen Leistungsniveau war ich noch meilenweit entfernt. Die letzte Chance, sich für die großen Wettkämpfe zu qualifizieren, bot sich mir bei einem »Klassiker« in der Nähe von Prag. Bei diesem Wettkampf gelang es mir, mich vor zwei exzellenten Athleten zu plazieren, dem sowjetischen Geher Walerij Spizyn und dem Mexikaner Carlos Misiano, der 1989 den Weltcup gewonnen hatte. Das baute auf. Trotzdem hütete ich mich vor Illusionen.

Die Europameisterschaften in Split wurden für mich zu einem Spiegelbild des gesamten letzten Jahres. Es war ein ständiges Nachholen. Immer mußte ich hinterherlaufen, erstmals sogar der Qualifikation. Am Tag vor dem Wettkampf fühlte ich mich platt und kaputt. Um so erstaunlicher das Ergebnis – ich wurde Dritter.

Ein solches Comeback war noch keinem Geher gelungen, nicht einmal meinem Freund Raul Gonzales, der heute Sportminister in Mexiko ist. Wie ich hatte er pausiert, konnte dann aber nicht mehr an seine Erfolge anknüpfen. Mein Ziel stand fest: Barcelona. Und die Zwischenstation hieß Tokio.

Die Weltmeisterschaften in der japanischen Hauptstadt entpuppten sich als Hitzeschlacht. Als wäre dies nicht schon dramatisch genug, kamen dann noch ein Taifunregen, Wind und sturmhafte Böen hinzu. Der Rest war Schwüle. Einige gaben auf, andere hielten sich zurück oder einfach nur durch.

Alexander Potaschow und Andrej Perlow, zwei sowjetische Geher, und ich setzten uns etwa in der Mitte des Wettkampfes vom Hauptfeld ab. Weite Strecken gingen wir gemeinsam. Die beiden waren nicht nur eng befreundet, sondern auch gut aufeinander eingespielt. Sie unterstützten sich, wo sie nur konnten. Ein perfektes Paar. Es wechselte das Tempo so raffiniert, daß ich später abreißen lassen mußte. Trotz größter Anstrengungen gelang es mir nicht mehr, den Abstand aufzuholen. Beide gingen dann Arm in Arm über die Ziellinie. Zwei Musketiere, die fair gekämpft hatten und ihre Schlacht gewonnen glaubten. Für sie war klar, es konnte nur zwei Sieger geben. Doch ihre Hoffnung wurde enttäuscht. Das Zielfoto machte ihnen einen Strich durch die Rechnung. Potaschow hatte bei der Ankunft, ohne es zu wollen, einen etwas größeren Schritt gesetzt und kam auf den ersten Platz. Keine Chance für Romantik. Man sprach von 100 000 Dollar für den Sieger.

Ob sie die Gerechtigkeit wiederhergestellt und sich das Preisgeld geteilt haben, weiß ich nicht. Aber sie sind heute noch befreundet. Und ich wurde Dritter, immerhin.

Nach Tokio stieg ich erneut in mein Hypoxie-Karussell. Vor den Olympischen Spielen in Barcelona wollten wir in St. Moritz trainieren, für ein paar Tage nach Hause fahren, dann noch einmal drei Wochen in St. Moritz absolvieren und zuletzt für zehn Tage nach Kienbaum gehen.

Mein erster Aufenthalt in St. Moritz neigte sich bereits dem Ende entgegen, ich hatte gute Zeiten erreicht und lief eines Nachmittags beim Kompensationstraining um den See. Als ein Angler einen Fisch herauszog, schaute ich ihm bewundernd zu. In dem Moment war alles zu spät. Ich stolperte über eine Baumwurzel und hörte einen trockenen Knall. An meinem Fußgelenk war irgend etwas nicht in Ordnung. Die erste Devise beim Umknicken lautet: weiterlaufen. Das hielt ich jedoch nur wenige Meter durch. Der Schmerz war so stark, daß es mir schwarz vor den Augen wurde. Ich setzte mich, wartete ab, versuchte es noch einmal, wieder vergeblich. Eine Weile hielt ich den Fuß in den See, um ihn zu kühlen. Mühsam humpelte ich zum Quartier, kühlte weiter, doch nichts half. Einen Arzt oder Physiotherapeuten hatten wir aus Kostengründen nicht dabei, also blieb Siegfried Herrmann und mir nichts anderes übrig, als postwendend nach Erfurt zurückzufahren. Die Prognose meiner Ärztin fiel düster aus, nachdem sie sich die Röntgenaufnahmen angesehen hatte: »Olympia ist fraglich.« Es handelte sich um einen Bandanriß, ein stecknadelkopfgroßes Stück Knochen war ebenfalls mit herausgerissen worden. Zum Glück hatte meine Physiotherapeutin, die mich bereits seit Jahren betreute, gerade einen Lehrgang für Lymphdrainage besucht. Nach zwei Tagen war die Schwellung abgeklungen und der Fuß fast wieder normal. Ich durfte ihn bandagieren. Mit dieser Bandage ging ich ins Stadion, um zu testen, ob an Olympia überhaupt noch zu denken wäre. Mein Trainer beobachtete mich dabei. Wir verständigten uns, wenn es mir gelänge, 400 Meter in Wettkampfgeschwindigkeit zurückzulegen, dann wäre das auch über fünfzig Kilometer möglich. Es gelang mir, diese Zeit ohne nennenswerte Schmerzen zu gehen. Der Schmerzpunkt war nach drei Tagen überwunden. In der gleichen Nacht reisten wir nach St. Moritz ab. Dort bandagierte ich den Fuß ständig, bekam allerdings durch eine unbewußte Entlastung beziehungsweise Schonung des Fußes Hüftprobleme, die ich mit Voltaren-Tabletten zu behandeln versuchte. Zu allem Übel verursachten die leichte Magenbeschwerden.

Trotzdem flog ich in relativ gutem körperlichem Zustand zu meinen dritten Olympischen Spielen. Mein Traumziel war eine Silbermedaille. Kaum in Barcelona angekommen, häuften sich die Pannen. Erst wurden wir nicht vom Flughafen abgeholt, dann dauerte das Einchecken, Akkreditieren und die Ausgabe der Olympiatickets so lange, daß für mich kein Zimmer mehr frei war.

Ich mußte bei Ellen Kiesling übernachten, deren Zwischenlauf am nächsten Tag bevorstand. Sie war entsprechend nervös, konnte kein Auge zumachen und ist dann tatsächlich knapp aus dem Rennen ausgestiegen. Trotz der absehbaren hohen Temperaturen waren die Quartiere im Olympischen Dorf nicht klimatisiert. Vier oder fünf Zimmer sollten sich eine transportable Klimaanlage teilen. Aber die Hammerwerfer beispielsweise brauchten sie dringender als wir, weil sie bereits ihre Entscheidungswettkämpfe austragen mußten und ein Substanzverlust sich bei ihnen noch dramatischer auswirken konnte als bei uns. Das alles zehrte an unseren Nerven.

Da ich früh um 7.00 Uhr starten sollte, mußte ich meine Getränke für den Wettkampf schon am Abend vorher abgeben. Ich entschied mich für meinen Blaubeermix und für Pfefferminztee, wußte jedoch nicht, daß der, wenn er über Nacht steht, stärker wird und Magenprobleme verursachen kann. Sie stellten sich prompt ein, nachdem ich das erste Mal von dem Tee getrunken hatte. Es war zum Haareraufen. Ein ganzer Bus mit Fans aus Thüringen war angereist, sie standen an der Strecke, und ich drohte schlappzumachen. Das durfte einfach nicht sein!

Als ich nach 15 Kilometern an unserem offiziellen Tisch vorbeikam, gab mir der für uns zuständige Arzt, Professor Dr. Kindermann, ein paar Magentropfen. Sie wirkten innerhalb einer Viertelstunde. Endlich konnte ich wieder frei marschieren und versuchen, den Rückstand aufzuholen. Ich forcierte mein Tempo. Auf den letzten 25 oder dreißig Kilometern ging ich schneller als die Spitzengruppe, aber es war nicht schnell genug. Ich schaffte es lediglich, mich vom zwanzigsten auf den sechsten Platz vorzuarbeiten. Der Stachel saß tief.

Zum ersten Mal seit 1983 fuhr ich ohne Medaille von einem internationalen Wettkampf nach Hause.

Nach Barcelona habe ich lange überlegt, wie es weitergehen sollte. Mein Blatt war noch nicht ausgereizt, das spürte ich. Ein einziges Mal wollte ich es noch wissen. Stuttgart, so hoffte ich, würde mir Glück bringen. Dort war ich 1986 Europameister geworden, und nun standen die Weltmeisterschaften bevor. Es kam jedoch anders, als ich es mir vorgestellt hatte. Nach 35 Kilometern gab ich auf. Danach schuldete ich mir Konsequenz. Ich mußte mich selbst beim Wort nehmen: Einmal kann man verlieren, hatte ich mir selbst gesagt – das war für mich der sechste Platz bei Olympia gewesen. Eine zweite Niederlage war nicht akzeptabel. Ich hörte auf.

Sicher hätte ich noch eine Weile gehen können, als Sechster, Achter oder Zehnter, von den Zeitungen gelobt und herumgereicht. Das Leistungsniveau der deutschen Leichtathleten ist ziemlich gesunken, nennenswerte Talente sind nicht in Sicht. Beim gleichen Aufwand wie bisher wäre ich wahrscheinlich noch unter den zehn, 15 Besten der Welt gewesen. Aber ich tauge nicht zum Ritter von der traurigen Gestalt.

Siege sind vergänglich. Im Sport muß man relativ schnell wieder zur Tagesordnung zurückkehren. Einige meiner Pokale habe ich noch. Da stehen Blumen oder Blumentöpfe drin. Der Rest ist verwittert – weil einmal Blumen oder Blumentöpfe darin standen. Und was die Medaillen betrifft: Eine liegt wohlverwahrt im Safe, meine Goldmedaille von den Olympischen Spielen in Moskau. Wo die anderen sind, weiß ich gar nicht so genau, vielleicht in einer Schublade. Im Keller steht zwar ein Regal, in dem ich Geschenke und Grüße von Freunden aufgehoben habe, aber ich will keinen Reliquienschrein. Schon gar nicht in der Wohnung. Das lenkt nur ab vom weiteren Vorwärtsgehen. Man kann nicht in der Vergangenheit leben. Wenn ich das während meiner Krankheit getan hätte, wäre es ganz schlimm gewesen. Viele Patienten tun es. Letzten Endes vertieft es nur den Schmerz.

Auf der Intensivstation dämmert Hartwig Gauder langsam aus der Narkose. Ein Arzt beugt sich über ihn und spricht ihn an: »Herr Gauder, Herr Gauder, es ist vorbei. Alles ist in Ordnung.« Er versteht jedes Wort, ist sofort wach und erinnert sich. Als er in sich hineinhorcht, ist sein erster Gedanke: Das paßt. Kein Schmerz, keine Irritation.

Vorsichtig versucht er, sich zu orientieren. Sehr viel Licht. Etwas verschwommen nimmt er die Umrisse des Zimmers wahr. Neben dem Bett steht ein Beatmungsgerät – Gauder ist intubiert, der Schlauch im Hals hindert ihn am Sprechen. Ein Arzt beobachtet abwechselnd die Kontrollapparate und den Patienten. Er ist zufrieden mit dessen Reaktionen. Nichts läßt auf Störungen oder Unregelmäßigkeiten schließen. Gauder erhält herzunterstützende Medikamente, sein Kreislauf stabilisiert sich. Die Aufwachphase verläuft erwartungsgemäß.

Wie gut es tut, den Herzschlag zu hören, den Rhythmus. Und nichts stört. Es ist, als gehörte es zu mir. Ja, es paßt. Vielleicht hatte die Wahrsagerin doch recht …

Als ich 14 war, durfte ich das erste Mal allein in Urlaub fahren, nach Ungarn. Ein namensgleicher Professor aus Györ, ein Ahnenforscher, hatte einen Schüleraustausch organisiert. Zunächst kam ein ungarischer Junge zu mir nach Ilmenau und besuchte auch den Unterricht mit mir. In den Sommerferien konnte ich dann für drei Wochen mit ihm nach Györ und an den Balaton reisen. Eine phantastische Zeit. Seine Eltern nahmen mich sehr herzlich auf, ich fühlte mich rundum wohl und schon ziemlich erwachsen. Zusammen mit einer anderen Familie wohnten wir in einem geräumigen Bungalow am Balaton. Wir schwammen um die Wette, kochten gemeinsam, durchstreiften die Gegend und machten Ausflüge in die Umgebung. Die Tage waren heiß, die Nächte mild, über allem lag ein Zauber.

Am Abend nach der legendären Mondlandung, die wir morgens gemeinsam im Fernsehen verfolgt hatten, trank ich zum ersten Mal in meinem Leben Sekt. Er kribbelte im Bauch und stieg mir zu Kopf. Wir aßen Salami, Paprika, Weißbrot, hörten Musik, alberten herum und schwatzten ausgelassen durcheinander. Plötzlich schlug jemand vor, ich solle mir aus der Hand lesen lassen. So eine Gelegenheit käme vielleicht nie wieder, die Mitbewohnerin unseres Bungalows habe diese Gabe von ihren Vorfahren geerbt, also nur zu. Bloß das nicht! dachte ich und weigerte mich. Ob ich denn nicht neugierig sei oder etwa Angst habe, neckten mich die anderen. Je heftiger ich mich sträubte, desto mehr drängten sie. Am Ende fügte ich mich in mein Schicksal und ließ mir wahrsagen.

Was ich dann von der Frau hörte, stimmte mich eigentlich optimistisch. Sie sagte mir eine große sportliche Karriere voraus, obwohl zu jenem Zeitpunkt überhaupt nichts darauf hindeutete. Gehen kannte ich noch nicht, im Skispringen war ich gescheitert, und im Skilanglauf wurde ich nicht mehr gefördert, weil ich nicht zur Kinder- und Jugend-Sportschule in Zella-Mehlis gegangen war. Sie prophezeite mir auch, daß ich mich bald verlieben, früh heiraten und wieviele Kinder ich haben würde. Dann stutzte sie. Im Alter von etwa 40 Jahren, fuhr sie fort, würde ich sehr schwer erkranken. Das solle mich jedoch nicht erschrecken, denn ich könne geheilt werden und trotzdem ein gutes Alter erreichen …

Wie sich erst später herausstellte, hatte ich damals einen entscheidenden Fehler gemacht. Man soll sich die Zukunft immer aus der linken und nicht aus der rechten Hand lesen lassen. Die linke Hand offenbart nämlich, was werden könnte, die rechte, was sein wird.

Ich hatte diese Episode nur einem einzigen Freund erzählt und längst vergessen, bis ich krank wurde. Plötzlich fiel mir alles wieder ein. Dieser wundervolle Abend am Balaton, meine Sektlaune, die Wahrsagerin. Sollte sie am Ende wirklich recht behalten?

Früher wünschte ich mir immer, achtzig Jahre alt zu werden. Vielleicht schaffe ich es sogar, vielleicht auch nicht. Aber ich habe eine zweite Chance. Wenn es mir gelänge, sie so zu nutzen, daß ich möglichst keinen Tag als verloren betrachten muß, wäre ich froh.

Ich will Häuser bauen, keine Luftschlösser. Mein Traum ist es, Sportstätten zu entwerfen, in denen sich Aktive ebenso wohlfühlen wie Zuschauer. Vermutlich hat noch kein Architekt vor mir so viele Stadien, Tribünen, Hallen und Umkleideräume betreten wie ich. Und nicht nur betreten, sondern auch genutzt. Diese Erfahrungen sollen nicht brachliegen, ich würde sie gern umsetzen, wenn ich nach der Transplantation endlich meinen Abschluß in Weimar machen kann.

Sie ist fast schon ein Fall fürs Guinness Buch der Rekorde, meine Semesterzahl. Ich erinnere mich noch daran, als wäre es gestern gewesen, wie Peter Frenkel und ich nach einem Wettkampf durch Paris zogen und er hingerissen von der Architektur schwärmte. Frenkel war zwar noch Geher in Potsdam, hatte aber schon eine künstlerische Laufbahn als Fotografiker eingeschlagen.

Ich kam aus meinem Ilmenau, war gerade erst 19, und langsam dämmerte mir, daß Sehen und Sehen zweierlei ist. Eine Fassade ist nicht einfach eine Fassade, sondern hat eine Geschichte und erzählt Geschichten. Von Menschen, Kunst, Handwerk, Technik, Natur, Schönheit, Politik. Jede Entdeckung zog neue Fragen nach sich, und jede dieser Fragen führte mich nach Weimar. Dort wollte ich Architektur studieren. Ich bewarb mich voller Ideale, immatrikulierte mich 1974 und lebte meine Träume aus. Bis ein anderer Traum dazwischen kam – der Sport. Wenn heute jemand herumwitzelt, ich sei der »ewige Student«, dann witzele ich zurück: Ich habe eben schon nach wenigen Vorlesungen erkannt, daß es nur einen sehr begrenzten Zeitraum gibt, in dem ein Architekt hemmungslos spinnen darf. Deshalb habe ich beschlossen, über zwanzig Jahre zu studieren …

Wenn ich darüber nachdenke, welche Fehler ich in meinem Leben gemacht habe, dann war einer meiner größten, dieses Studium nicht konsequent bis zum Diplom durchzuziehen. Drei Anläufe, und immer mußte ich von vorn beginnen. Im Architekturstudium möchte ich jetzt erreichen, was mir noch nicht gelungen ist. Bisher bin ich nur im Kreis gegangen.

Der Hochleistungssport verleitet dazu, ausschließlich ein Ziel zu sehen und sich selber zu wichtig zu nehmen. Zwangsläufig, sonst erreicht man nichts. Okay, dann hast du deinen Olympiasieg, aber was bleibt? Sicher, ich war stolz auf mich und auf diejenigen, die mitgeholfen haben, doch heute und mit Abstand betrachtet, hat man diesen Erfolg damals überbewertet. Ich mich auch.

Als ich das dritte Mal mit dem Studium anfing, nach den Weltmeisterschaften in Stuttgart, hatten sich die Lehrinhalte teilweise drastisch verändert. Aus der Hochschule für Architektur und Bauwesen war nach der Wende die Bauhaus Universität geworden. Viele Techniken hatten sich erledigt, weil sie überholt oder veraltet waren. Vom Material gar nicht zu reden. Andere Fächer kamen hinzu, die früher niemand in Erwägung gezogen hätte. Nun büffelte ich auch Management. Ich mußte viel Neues lernen, zehre allerdings bis heute davon, daß sich auf meinen Sportreisen die Türen internationaler Architekturbüros für mich öffneten. In New York kam ich dank entsprechender Kontakte in den Genuß besonderer Stadtführungen; ich habe mich mit der Maya-Kultur, mit dem einfachen Lehmbau in Äthiopien und natürlich auch mit den nordamerikanischen Wolkenkratzern beschäftigt.

Bevor meine Odyssee durch die Krankenhäuser losging, hatte ich alle Praktika und Prüfungen bis auf Statik abgeschlossen. Drei Belege und das Diplom stehen noch aus. Und dann ist es gut. Zuletzt war ich an einem Punkt angelangt, wo sich die Inhalte der Fächer wiederholten. Keine Herausforderung mehr. Es fällt mir schwer, Gebäude zu konzipieren, von denen ich weiß, daß sie niemals gebaut werden. Die Zeit, die ich dafür aufwende, ist mir viel zu schade. Das hat nichts mit meiner Krankheit zu tun. Ich wußte auch vorher schon, wie endlich und wie kostbar die Lebenszeit ist.

Jetzt möchte ich meine Ideen realisiert sehen, ohne Umweg über den alten Architekten-Jux: Das erste Haus baut man für seinen Feind, das zweite für seinen Freund und das dritte für sich selbst …

Mich würde es reizen, ein ganz individuelles Einfamilienhaus zu entwerfen, bei dem es mir gelingt, Bedürfnisse zu erspüren und umzusetzen, die dem Auftraggeber selbst vielleicht noch gar nicht bewußt sind. Es könnte auch eine Sportanlage sein, wie die Erfurter Tribüne, an der ich schon mitgearbeitet habe. Egal, in so eine Aufgabe möchte ich hineinwachsen. Immer wieder die Umgebung betrachten, die Ökologie, die städtebauliche Situation, bevor die eigenen Vorstellungen Gestalt annehmen. Von außen nach innen und dann wieder von innen nach außen. Die gelungene Komposition bestünde aus einer Einheit von Funktionalität und Ästhetik. Wobei es mir darauf ankäme, nicht nur für den Moment, sondern sehr viel weiterzudenken. Und im Zweifelsfall würde ich eher Abstriche an der Ästhetik als an der Funktionalität machen.

Mein größter Traum ist ein sogenanntes Vitalitätszentrum. In dieses Projekt möchte ich alles einbringen, was ich jemals erfahren, erlebt und gelernt habe. Die Zeit vor der Transplantation konnte ich nur ertragen, weil ich mir die Aufgabe gestellt hatte, dieses Konzept zu erarbeiten.

Mein Ausgangspunkt war eine Aussage von Coubertin über die Olympischen Spiele, über Kommerz und Breitensport. Pierre de Coubertin ist aus dem Internationalen Olympischen Komitee ausgetreten, weil er seine eigenen Ziele und Ideale nicht mehr verwirklicht sah. Er wollte den Breitensport und die Spitze, beides, nicht aber den sich damals bereits abzeichnenden Professionalismus und den Kommerz.

Die Frage der Kommerzialisierung stellte sich dem DDR-Sportler nicht, obwohl sie existierte. Im nachhinein haben wir erfahren, daß der Staat immense Summen dafür kassiert hat, daß wir mit Adidas-Schuhen und Adidas-Hemden gestartet sind. Während wir uns wie verrückt über das Hemd und die drei Paar Schuhe, die wir tragen durften, gefreut haben. Inzwischen hat sich die Kommerzialisierung extrem ausgebreitet. Das ist insofern bedauerlich, als damit eine noch größere Chancenungleichheit als beispielsweise durch Doping gegeben ist. Die Kluft etwa zwischen den afrikanischen Ländern und uns vertieft sich immer mehr. Dort werden nur die Sportarten für Schlagzeilen sorgen, die der »Naturburschen« bedürfen. Sie werden mit ihrem Talent alle in Grund und Boden laufen, aber sie werden keine Chance haben, eine Methodik zu entwickeln. Es gibt keinen Kinder- und Jugendsport, ausgenommen sind Einzeltalente, etwa im Weitsprung, die das Glück haben, gefördert zu werden. Im Schwimmen, Tennis, Golf ist es genau zu beobachten, und die gleiche Tendenz sehe ich auch ganz stark im Behindertensport. Da gehen Europäer mit High-Tech-Rollstühlen für 30 000 Mark an den Start und treten gegen Kontrahenten an, die von einem solchen Gefährt nur träumen können. Ich halte die zunehmende Kommerzialisierung aus verschiedenen Gründen für bedenklich. Mir geht es darum, vor allem jene zu unterstützen, die Sport aus purer Freude und ihrer Gesundheit zuliebe treiben.

Dem Konzept liegt aber auch eine persönliche Erfahrung zugrunde: Ich möchte andere vor den Fehlern bewahren, die ich beim Abtrainieren gemacht habe. Bisher existiert keine Anlage, die all das berücksichtigt, was ich ein ganzheitliches Programm nenne. Dem wird weder ein Kurheim noch eine Sportanlage, weder ein Fitneßcenter oder Ferienhotel noch eine Klinik gerecht. Jede dieser Einrichtungen bietet aber Leistungen, die in meine Vision von einem Vitalitäts-, Trainings- und Bildungszentrum integriert sind.

Einem solchen Zentrum sollten mehrere Häuser an verschiedenen Standorten zur Verfügung stehen, da klimatische Bedingungen eine Rolle spielen. Nicht nur ehemalige Leistungssportler sind hier willkommen, sondern auch Familien, Manager oder wer auch immer können hier etwas für ihren Körper und ihre Psyche tun. Am

Meer, in den Bergen und Tälern ermöglichen es unterschiedliche Reize, sich optimal zu erholen. Aktiv und passiv. Vorbeugend oder auch zur Rehabilitation. Die Gäste können sich von Fachleuten beraten, aufklären, anregen, behandeln und betreuen lassen; sie können trainieren oder abtrainieren, Sport aus Spaß an der Freude treiben, Bäder oder Massagen nehmen, Kurse besuchen, Entspannungstechniken lernen, einander kennenlernen ...

Ein Beispiel: Bei vielen Konzernen ist es Usus, das Management einmal im Jahr zu einer mehrtägigen Konferenz zusammenzurufen, um Firmeninterna und neue Strategien zu besprechen. Derartige Veranstaltungen könnten in der entsprechenden Einrichtung zum Anlaß genommen werden, den körperlichen Zustand der Mitarbeiter zu checken, beziehungsweise ihnen außerhalb der Sitzungen Gelegenheit zur Erholung zu geben. Sauna, Schwimmbad, Solarium, alles steht zur Verfügung. Sie könnten ein angemessenes Körpertraining durchführen und sich eine Leistungsdiagnose erstellen lassen. Gewicht, Körperfettanteile, alles mögliche könnte ermittelt werden, um daraus individuelle Tips für die Lebensweise, die Ernährung und Sportempfehlungen abzuleiten. Zum Angebot gehören in meiner Konzeption auch Restaurants, in denen die Gäste genausogut ein Eisbein wie frische Salate oder die Zutaten einer Schrothkur bestellen können. Für das Eisbein sollte man vorher allerdings lange geschwommen sein, sonst schwimmt man hinterher – mit Ring.

Einer meiner Untertitel für das Projekt lautet: Die Kultur des Alterns. In unserer dem Jugendlichkeitskult verfallenen Gesellschaft wird gern ignoriert, daß der Alterungsprozeß des Menschen einsetzt, wenn das Zellwachstum aufhört, also mit 18 oder 19 Jahren. Jung sein kann jeder, es kann aber auch jeder alt sein, unwahrscheinlich alt. Jung sein bedeutet für mich eine geistige Frische und eine gewisse Form der körperlichen Fitneß. Offen zu sein für Neues, Unbekanntes, Fremdes, auch das gehört dazu. Eins hängt mit dem anderen zusammen.

Wer seinen Körper mißachtet, vernachlässigt oder einseitig belastet, wird irgendwann die Folgen spüren. In Schmerzen, Leistungsabfall oder Schlimmerem. Und wer zu wenig weiß, riskiert es, dem eigenen Körper zu schaden, ohne es vielleicht zu wollen. Der Gang zum Arzt ist dann meist die erste – und einzige – Reaktion. Fatalistisch werden Pillen geschluckt, ohne andere Möglichkeiten auch nur in Betracht zu ziehen. Spaziergänge beispielsweise, Gymnastik, Walking ... Oder die Naturheilkunde, die die heilende Kraft des Lichts, des Wassers und der Pflanzen ebenso berücksichtigt wie Ernährungs-, Bewegungs- und Ordnungstherapien und die innere Gestaltung des eigenen Lebens. Sie bündelt jahrtausendealtes menschliches Wissen. Die meisten von uns kennen es jedoch nicht oder ignorieren es. Vor allem die passiv Gesunden wiegen sich in Sicherheit. Sie betrachten das tägliche Funktionieren ihres Körpers als Selbstverständlichkeit. Dabei ist Gesundheit mehr als das Fehlen einer Krankheit und, wie ich selbst erfahren mußte, ein vergängliches Gut.

Meine Fehler beim Abtrainieren resultierten aus Unwissenheit und Leichtsinn. Wäre ich damals fachkundig betreut worden und früher zum Arzt gegangen, hätte ich mir diesen Leidensweg vielleicht ersparen können. Doch Selbstvorwürfe kommen grundsätzlich zu spät. Damit sie sich für andere erübrigen, möchte ich aufklären.

Krankheitsauslöser in unserer hochtechnisierten Gesellschaft sind vor allem zwei Faktoren: Bewegungsmangel und die Überforderung unseres Körpers durch eine Vielzahl äußerer Reize. Wie verhalte ich mich, wenn mein inneres und äußeres Gleichgewicht gestört sind oder ich direkt durch eine Krankheit betroffen bin? Gehe ich den Weg des geringsten Widerstandes und nehme ich eine Medikation inklusive aller möglichen Nebenwirkungen in Kauf? Oder versuche ich, den Schaden zu begrenzen und meine Heilungschancen zu verbessern, indem ich mich sportlich betätige? Natürlich entsprechend meiner körperlichen Möglichkeiten und nach Konsultation eines Mediziners oder Fachtherapeuten. Dem Teufelskreis entgeht nur, wer den zweiten Weg wählt, ohne den ersten zu ignorieren. Denn der Körper ist wie ein Netzwerk, das als Ganzes betrachtet und behandelt werden will. Das punktuelle Beheben von Problemen bringt auf Dauer keinen Erfolg.

Als ich nach der Kunstherz-Operation aus dem Koma erwachte, konnte ich weder stehen noch laufen. Ich lag im Bett, streckte meinen Körper, Finger und Hände, machte Fuß- und Atemgymnastik. Ich war so schwach, daß bereits das normale Sitzen im Sessel die erste Form einer ausdauerbetonten Belastung darstellte. Wenig später konnte ich mit Gehübungen beginnen, anschließend mit dem Treppensteigen, Stufe für Stufe, dosiert und ohne mich zu überfordern …

Während ich wieder laufen lernte, beschäftigte mich die Idee vom Vitalitätszentrum. Das 900 Meter hoch gelegene Oberhof im Thüringer Wald wäre sowohl im Sommer als auch im Winter ein idealer Ort. Ski laufen, Bob fahren, rodeln, Golf spielen, schwimmen – alles ist möglich. Bund, Länder, Kommunen, Unternehmen, Verbände, Stiftungen kämen als Förderer in Frage. Jeder hätte triftige Gründe, sich zu beteiligen. Der Bund muß Alternativen zu den explodierenden Kosten im Gesundheitswesen finden, also sich stärker für die Vorbeugung engagieren. In den Kommunen könnte ein solches Projekt Arbeitsplätze schaffen und den Tourismus im gesamten Umfeld beleben. Es bietet allen Beteiligten Vorteile, der größte: Hilfe zur Selbsthilfe.

Nach der Transplantation werde ich erneut darauf angewiesen sein. Ich freue mich auf den Moment, wo ich diese ganzen Schläuche los sein werde, ohne eine Maschine atmen und mich frei bewegen kann. Zuerst die Zehen, die Füße, die Knie, Hände, Arme, Schultern, Kopf … Wieder sprechen und lachen, einfach so. Kürzlich fragte mich jemand, ob ich so etwas wie ein Lebensmotto habe. Ich habe eins, schon ewig, es flimmert sogar als Logo über meinen Computer-Bildschirm: Fürchte dich nicht, langsam zu gehen, fürchte dich nur stehenzubleiben!

Es ist nach Mitternacht. Hartwig Gauder döst vor sich hin, ist aber wach. Ihm werden hochdosierte immunschwächende Medikamente verabreicht, um zu verhindern, daß sein Körper das implantierte Herz wieder abstößt. Später entfernt eine Krankenschwester Salbe aus seinen Augen. Sie hat während der Operation die Hornhaut vor dem Austrocknen geschützt. Gauder blinzelt noch, als Dr. Susanne Spiegelsberger die Intensivstation betritt, um sich nach ihm zu erkundigen. Auf den Tag genau betreut sie ihn jetzt ein Jahr. Er ist froh, ein vertrautes Gesicht zu erblicken, und winkt ihr zu. Am liebsten würde er sofort diskutieren, aber er ist intubiert, der dicke Schlauch in der Luftröhre verhindert es.

Dr. Spiegelsberger ist erleichtert, ihn an einem halbwegs sicheren Ufer zu wissen. Jemanden laufen lassen zu können, das ist wie Erwachsenwerden. Beim Hinausgehen fragt sie sich schmunzelnd, wann es Gauder wohl gelingen wird, sich den

Schlauch vom Hals zu schaffen. Bisherige Erfahrungswerte gelten bei diesem Patienten kaum. Zu couragiert, zu hartnäckig.

Neid erarbeitet man sich, Mitleid bekommt man geschenkt. Mitleid möchte ich nicht haben. Niemals. Aber ich habe lernen müssen, mir helfen zu lassen. Ein Leben lang habe ich Grenzen überschritten, und plötzlich stieß ich auf Grenzen, die ich allein nicht überwinden konnte. Das war ein Schock für mich, mehr noch – ein Erdbeben, eine Explosion der Gefühle. Die Einsamkeit des Langstreckengehers entsprach meiner Mentalität. Doch nie war ich einsamer als in der Sterilität nächtlicher Krankenzimmer. Ohne den Beistand meiner Familie, ohne die Gesten und Zeichen der Anteilnahme von anderen Menschen hätte ich diese Gratwanderung zwischen Verzweiflung und Hoffnung vielleicht nicht geschafft.

Verantwortlich bin ich für mich selber, egal was geschieht, aber ein intaktes soziales Umfeld ist in solchen Zeiten beinahe lebenswichtig. Selbst die kostspieligste Therapie vermag einem nicht Menschen zu ersetzen, die einem zuhören, an einen glauben und einen ermutigen. Die Krankheit zwang mich, rückhaltlos ehrlich mir gegenüber zu sein und manches zu korrigieren. Ich konnte weder ausweichen noch mich in Geschäftigkeit stürzen. Es ist nicht einfach, Fehler zuzugeben, ohne sie überzubewerten. Doch um sie nicht zu wiederholen oder um Schaden zu begrenzen, ist es nötig, sie zu analysieren. Niemand bricht sich einen Zacken aus der Krone, wenn er sich gegebenenfalls entschuldigt. Wichtig ist es, sich neu zu orientieren. Beginnen kann es damit, daß man die Situation gedanklich so durchspielt, wie sie hätte verlaufen sollen. Wer ein anderes Leben führen will, muß ein anderes Denken leben.

Mir unterliefen die meisten Fehler aus Leichtsinn. Fast alle waren reparabel, für einige mußte ich teuer bezahlen. Ich möchte sie anderen ersparen. Deshalb das Vitalitätszentrum. Und deshalb auch mein Engagement für Walking.

Diesen Freizeitsport lernte ich 1987 kennen, als in New York die Mandelbäume blühten und ich im Central Park für den Weltcup trainierte. Damals wunderte ich mich über die vielen Leute, die nicht spazierten, nicht wanderten, nicht liefen, aber zügig gingen. Sie lächelten uns zu, schwatzten miteinander und wirkten entspannt, obwohl einige von ihnen bestimmt zehn Kilometer zurücklegten. Hausfrauen, Kinder, Handy-Männer ... alles walkte. Allein, zu zweit oder in Gruppen. Beruf, Alter, Größe, Figur und Kondition schienen völlig nebensächlich zu sein. Bilder heiterer Gelassenheit. Natürlich wollte ich es genau wissen.

Als ich 1990 zum New-York-Marathon flog – nach der Wende sollte das ein Ritual werden –, bat ich darum, mir Walking einmal näher ansehen zu dürfen. Helene Briten, eine der ehrenamtlichen Organisatorinnen, managte das sofort. Es ging zu einer Veranstaltung nach Long Island. Zusammen mit Ron Barber, einem begeisterten Walker, mit dem ich mich auf Anhieb verstand und anfreundete, fuhren wir in ein riesiges Einkaufscenter. Ehe ich es mich versah, stand ich vor zweihundert Walkern und wurde sofort ausgefragt. Wie sich herausstellte, war die moderate Variante meines Kompensationstrainings dem Walking gar nicht unähnlich. Also redete ich über Technik, Bodenbeschaffenheit, Gymnastik, Ausdauer, Ernährung, Laufschuhe, Belastung und Entlastung. Zum Walken kam ich nicht, aber aus diesem Treffen wurde eine fixe Veranstaltung: Bis zu meiner Erkrankung lief ich nun nicht nur beim jährlichen New-York-Marathon mit, sondern hielt dort auch Vorträge – über Walking.

Helene Briten und Ron Barber verdanke ich diese Initialzündung, doch im November folgte ein weiteres Schlüsselerlebnis, auf das mich nichts vorbereitet hatte. Als ich gefragt wurde, ob ich bereit wäre, vor ein paar Leuten der UNO zu sprechen, sagte ich natürlich zu. Kein Problem. Auf englisch? Na ja, warum nicht. Ich machte mir ein paar Notizen, ließ mir vorher bei der Phonetik helfen und fühlte mich bestens gerüstet.

Vor dem UNO-Hauptquartier am Hudson River erwarteten mich jedoch nicht zehn, sondern 10 000 Menschen. Die Teilnehmer des New York Marathons, Einwohner der Stadt, Walker aus der Umgebung, zufällige Spaziergänger, Polizisten, Touristen ... Und vermutlich auch UNO-Diplomaten. Ich sah sie nicht, ich sah nichts mehr. Aber irgend etwas muß ich gesagt haben, denn am Ende wurde geklatscht. Dutzende Leute kamen auf mich zu und klopften mir auf die Schulter, als sei ich der King of Walk. Oder Mr. President. Oder ein Kürbis. Es war Halloween in den USA.

Warum kann man Walking nicht auch nach Deutschland holen? fragte ich mich 1992 nach den Olympischen Spielen, als ich selbst nach Alternativen zum Hochleistungssport suchte. Kurz entschlossen trommelte ich sechs Freunde zusammen, bat auch einen Journalisten und einen Fotografen zu unserem Treffen und erklärte mein Anliegen. Tags darauf erschien ein Bild in der »Thüringer Allgemeine«. Daneben ein Aufruf: In vierzehn Tagen findet ein Walkingtreff mit Hartwig Gauder statt. Keiner meiner Freunde hatte vorher etwas von Walking gehört. Vermutlich erging es den Leserinnen und Lesern der Erfurter Zeitung nicht anders. Ich rech-

Gauders Lieblingsort im Guiness Buch der Rekorde: Zu sechst wandern sie 1994 über den Thüringer Rennsteig, 168,3 Kilometer nonstop.

Kurz vor der Operation: Olympiasieger Mario Kummer besucht seinen Freund Hartwig Gauder.

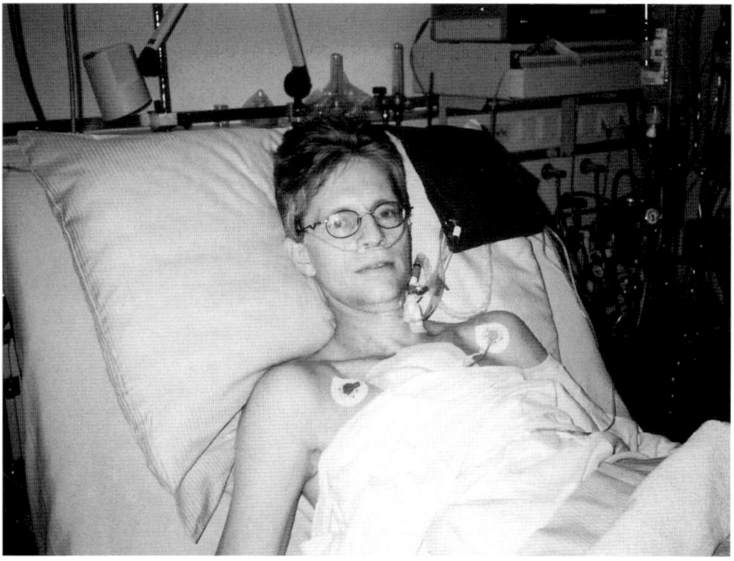

Die Transplantation des Spenderherzens ist geglückt. Hartwig Gauder fühlt: Es paßt.

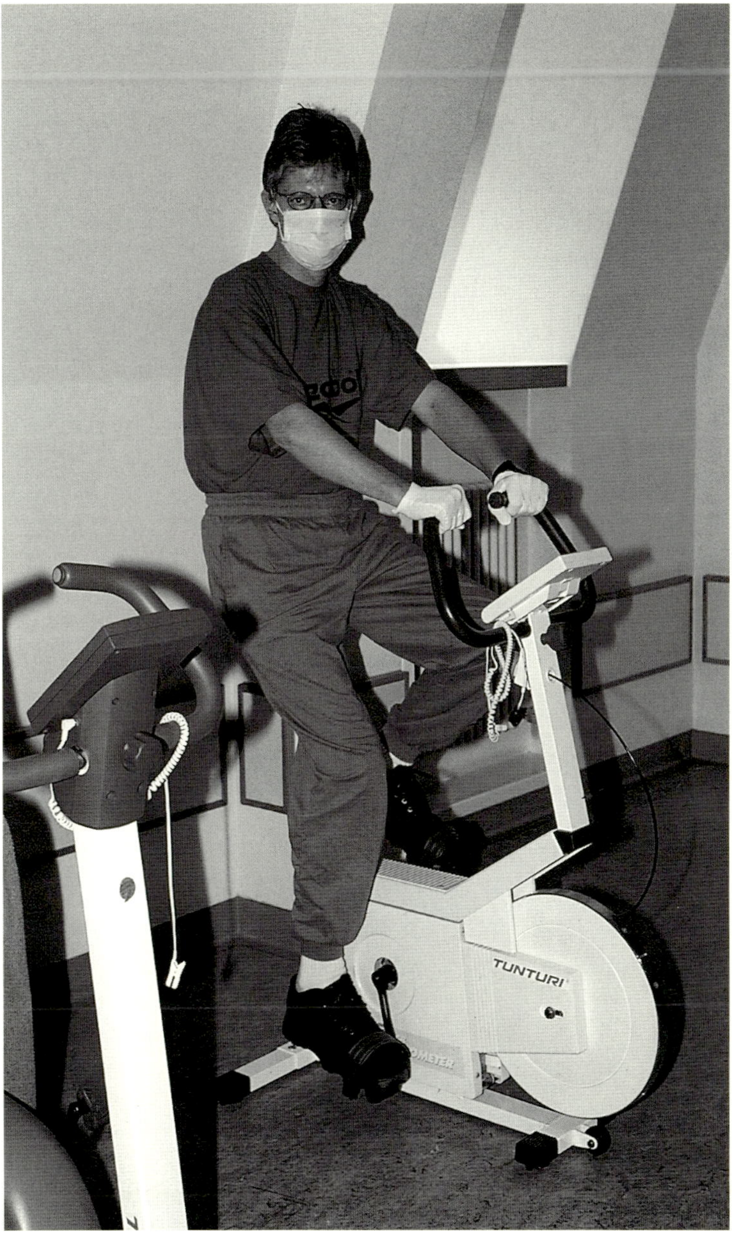

Schritte zurück ins Leben: Training auf dem Ergometer.

Nicht aufgeben: arbeiten, lesen, studieren, Pläne schmieden …

Ehefrau Marion und Sohn Marcus unterstützen ihn.

Endlich zu Hause, aber gezeichnet von den Medikamenten: Um sich wieder in Form zu bringen, fährt Gauder (im Mai 1997) Mountainbike.

Mein Lebensmotto: Fürchte dich nicht, langsamer zu gehen, fürchte dich nur, stehenzubleiben.

Mein Traum: Als Walk-Man zum New-York-Marathon.

nete mit fünf, sechs Neugierigen, zumal es regnete, aber ich täuschte mich gewaltig. Es kamen 17 Interessierte. Wir verabredeten einen Schnupperkurs, einmal wöchentlich. Daraus entstand eine Gruppe im Lauf- und Triathlon-Verein Erfurt, der inzwischen sechzig Mitglieder angehören. Ich hielt meine Aktion für die Geburtsstunde des Walkings in Deutschland, doch in Stuttgart fand etwa zur gleichen Zeit eine entsprechende Veranstaltung statt, mit ähnlichem Erfolg. Der Zufall führte mich mit dem Initiator Friedemann Haule zusammen. Wir saßen bei einer Sitzung der Deutschen Olympischen Gesellschaft an einem Tisch, ich erzählte von Walking, er erzählte von Walking. Was lag da näher, als gemeinsam Pläne zu schmieden. Der Deutsche Leichtathletik-Verband, den wir um Unterstützung baten, reagierte zunächst reserviert: »Wir würden ja gern, aber es ist doch nur eine Mode-Sportart, ein Trend in den USA.« Von wegen! Wir ließen nicht locker, bis Walking an den Verband angegliedert wurde. So konnten wir Strukturen aufbauen und versierte Walkingtreff-Leiter einsetzen. Als Walking-Wart des Verbandes und Berater des Sportartikelherstellers Reebok reiste ich quer durchs Land, um Bewegungsabläufe und Techniken vorzuführen. Ich hielt Vorträge vor Patienten, Ärzten, Fußpflegern, Mitarbeitern von Krankenversicherungen. Inzwischen hatte ich nicht nur Video-Material zum klassischen Walking, sondern auch ein spezielles Programm für Venen-Walking miterarbeitet. Mindestens fünf Millionen Menschen in Deutschland leiden an Erkrankungen der Venen.

Heute stehen wir vor einem neuen Problem: Der Leichtathletik-Verband verschließt sich immer mehr dem Breitensport. Seine Vermarktung sei nur unter der Regie des Spitzensports möglich, heißt es. Diesen Ansatz halte ich für falsch. Eine eigenständige Vermarktung könnte viel mehr erreichen, denn die Zielgruppen sind nicht nur zahlenmäßig interessant. Das gilt für City-Läufe ebenso wie für den Seniorensport. Nicht die einzelnen Spitzensportler, sondern die zahlreichen Mitglieder tragen einen Verband.

Walking ist keine Mode, sondern eine echte Chance. Ich habe lange darüber nachgedacht, warum in den USA ein Fitneß-Verband existiert, dem nach eigener Aussage mehr als sechzig Millionen aktive Walker angehören, und wir Deutschen uns so schwer damit tun, etwas für uns zu tun – indem wir uns bewegen. Wir sind verwöhnt. In den USA ist die Gesundheit vor allem Sache der Bürger, nicht des Staates. Es existiert weder ein Gesundheitswesen und Sozialnetz wie in Deutschland noch ein vergleichbares Krankenversicherungssystem. Wer krank wird, muß zahlen und riskiert bei längeren Ausfällen den Job. Also sind viele Menschen daran interessiert, es möglichst nicht soweit kommen zu lassen. Wir hingegen wettern über Apparatemedizin oder Zuzahlungen bei Arzneien, anstatt sie entbehrlicher zu machen, indem wir vorbeugen. Wie kurzsichtig.

Für mehr als fünfzig Prozent der erwachsenen Deutschen beträgt die tägliche Gehstrecke weniger als zwei Kilometer. Fünfzig Prozent der Männer und 21 Prozent der Frauen geben an, daß sie ihren Arbeitsalltag überwiegend sitzend verbringen. Auf die Frage »Treiben Sie Sport?« antworten fast zwei Drittel der Erwachsenen mit »Ja«, meinen damit allerdings oft schon den Sonntagsspaziergang oder das Tragen des Einkaufskorbes. Kommen sie nach Hause, wollen immer mehr Leute nur noch ihre Ruhe.

Zu jeder Tätigkeit ist Energie notwendig. Unser Körper produziert sie durch die Verbrennung von Nährstoffen, aber ohne Sauerstoff erfolgt keine Verbrennung. Der wesentliche Punkt: Nahrung kann der Körper speichern, Sauerstoff nicht. Wer sich darauf beschränkt, lediglich ein- und auszuatmen, ohne sich ausreichend zu bewegen, wird bald schon selbst nach geringfügigen Anstrengungen erschöpft reagieren. Müdigkeit, sinkende Belastbarkeit und Konzentrationsschwächen sind die Folgen, wenn wir unseren Körper nicht mit der für den jeweiligen Kraftaufwand erforderlichen Sauerstoffmenge versorgen. Hinzu kommt, daß Umweltgifte nicht im notwendigen Maße abgebaut werden. Wir brauchen Stunden, um uns vom Sprint nach dem Bus zu erholen, stöhnen über den schweren Bierkasten, schnaufen schon auf dem dritten Treppenabsatz und sind zu müde, um mit den Kindern zu spielen. Eines Tages seufzt man resigniert: »Ich werde alt.«

Allerdings wird man älter, und je weniger man gegen solche Symptome tut, desto früher. Der nicht beanspruchte Organismus erschlafft allmählich. Lunge und Herz verlieren ihre Funktionstüchtigkeit, die Gefäßwände werden spröde, die Muskeln büßen ihre Spannkraft ein, der Körper wird anfälliger, und das ganze dem Sauerstofftransport dienende System verkümmert. Die neue Volkskrankheit »Rückenschmerzen« ist dabei, die Herz-Kreislauf-Krankheiten zu überholen.

Mit Walking, dem forschen Gehen, kann jeder diesen Tendenzen entgegenwirken. Als sanfte Ausdauersportart eignet es sich für alle Alters- und Leistungsgruppen, also auch für Neu- und Wiedereinsteiger, Übergewichtige und ältere Menschen.

Arm- und Schritt-Technik sind leicht zu erlernen.

Wenn man sich mit dem rechten Bein abdrückt, schwingt der linke Arm in Gehrichtung nach vorn, und umgekehrt. Die Arme sollten wie Pendel neben, nicht vor dem Körper geführt werden. Typisch ist auch die Abrollbewegung der Füße von den Fersen aus. Der Brustkorb wird angehoben, damit genügend Platz zum Atmen bleibt, die Arme schwingen, die Schultern kann man einfach locker hängenlassen.

Am Anfang genügt es, ein oder zwei Kilometer zu walken, bevor sich das Pensum allmählich erhöht. Entscheidend ist es, sich wohlzufühlen.

Walking soll Streß verringern, nicht erzeugen. Es steigert das Selbstwertgefühl und reduziert das Körpergewicht durch den Abbau von Fett. Darüber hinaus regt es den Stoffwechsel an, schont jedoch Gelenke und Bänder, fördert die Durchblutung und Elastizität der Muskulatur. Fast alle 206 Knochen und 660 Muskeln des Menschen werden bei dieser Ganzkörperbelastung eingesetzt. Regelmäßiges Walking kann den Prozeß der Osteoporose, des Knochenschwunds, der besonders häufig bei Frauen auftritt, verlangsamen und die Knochen stärken. Außerdem werden die Herzmuskulatur und das gesamte Herz-Kreislauf-System gestärkt. Das Herz pumpt mit einem Schlag mehr Blut durch die Gefäße, es schlägt langsamer und wirksamer. Die Lunge kann mehr Gas aufnehmen, der Körper wird besser mit dem zur Energieumwandlung so wichtigen Sauerstoff versorgt.

Am meisten Spaß macht Walking in Gesellschaft. Ich habe es genossen, dabei die Natur zu beobachten oder einfach meinen Gedanken nachzuhängen. Harry und Sally aus dem gleichnamigen Kultfilm mögen es temperamentvoller. Während die beiden durch den Central Park walken, streiten sie sich darüber, ob es möglich ist, daß Männer und Frauen miteinander befreundet sein können, ohne daß ihnen der Sex in die Quere kommt und alles kaputt macht … Die Frage bleibt offen, sie beweisen jedoch folgendes: Männer können mit Frauen befreundet sein, das eine lassen und das andere tun – walken.

Ein Krankenpfleger nähert sich dem Bett von Hartwig Gauder, der immer noch wach liegt. Da er intubiert ist und deshalb nicht sprechen kann, macht er sich mit Handzeichen bemerkbar. Der Pfleger bemerkt es und wartet ab, was ihm der Patient signalisieren will. Er schreibt etwas mit dem Finger auf die Bettdecke. Seine Hand zittert zu sehr, um es entziffern zu können. Erst nach mehreren Versuchen liest der Pfleger laut mit: »Darf ich autogenes Training machen?« Gauder nickt erfreut, der Pfleger nickt ebenfalls: »Klar, ja.« Jetzt schließt Hartwig Gauder die Augen, taucht in sich hinein und konzentriert sich völlig auf den Schlauch in der Luftröhre. In Gedanken verkleinert er ihn und schiebt ihn ganz weit nach rechts, um besser atmen zu können. Es gelingt ihm, er entspannt sich zusehends.

Ich war ein »Special urgent«-Patient. Zuletzt stand ich auf einer Dringlichkeitsliste mit Namen von Kranken, für die es brennt. Jeder Tag später könnte ein Tag zu spät sein. Erst Anfang Januar starb ein Mann, bevor ihm geholfen werden konnte. Wenn wir uns trafen, flachste er vor Neuankömmlingen gern herum: »Das ist der Weltmeister im Gehen, und ich bin der Weltmeister im Tragen eines Kunstherzens.« Es war ihm 1995 implantiert worden. Und nun dies. Eine Tragödie.

Gedanken an das Sterben und den Tod werden in unserer Kultur verdrängt. Wir sprechen nicht darüber, als sei es etwas Ansteckendes, mit dem man nicht in Berührung kommen möchte. Beklagt jemand den Verlust eines Angehörigen, stammeln wir verlegene Worte des Beileids und ziehen uns schnell zurück. In den Medien sterben die Menschen selten natürlich, sondern als Opfer eines Unfalls oder eines Verbrechens. Dann können die Schlagzeilen nicht groß und die Action-Serien nicht laut genug sein. Der Tod als Nervenkitzel, nach dem man sich erleichtert zurücklehnen kann. Betroffen sind immer die anderen.

In Religionen wie dem Buddhismus wird der Tod nicht aus dem Leben ausgeschlossen. Er gehört zu einem ewigen Kreislauf. Kommen und Gehen, Ebbe und Flut, Saat und Ernte.

Organtransplantationen ändern nichts daran, daß Sterben und Tod zum menschlichen Leben gehören. Eine öffentliche Debatte über Transplantationen ist nicht möglich, ohne sich auch mit Krankheit und Tod, im Grunde also mit unserer Sterblichkeit auseinanderzusetzen. Dabei geht es um den Konflikt, das Leben mit Hilfe eines Spenderorgans verlängern zu können und das Sterben eines anderen Menschen anzunehmen. Für alle Beteiligten eine schwerwiegende Aufgabe.

Weltweit wird die Organtransplantation inzwischen als ein mögliches Heilverfahren praktiziert, durch das Leiden gemildert, Leben gerettet und verlängert werden können. Innerhalb weniger Jahre ist es der Medizin gelungen, ihre speziellen Therapieformen auf verschiedene Krankheitsbilder auszudehnen. Mit wachsendem Erfolg werden Nieren, Lebern, Bauchspeicheldrüsen, Lungen, Herzen, Augenhornhäute, Gehörknöchelchen, Gehirnhäute, Knochen und Knochenmark transplantiert. Immer mehr Menschen richten ihre letzte Hoffnung auf eine Organverpflanzung. Viele von ihnen leider vergeblich, denn die Tragik besteht darin, daß wir nicht genug Spenderorgane haben. Momentan stirbt mehr als die Hälfte aller Betroffenen in der Warteschleife.

Nicht jedes Spenderorgan eignet sich für den Empfänger, der es vielleicht am nötigsten hat. Blutgruppe und gewebetypische Merkmale sollten zueinander passen, sonst ist die Gefahr der Abstoßung noch ungleich größer als ohnehin schon. Bei Herzen spielt auch die jeweilige Körpergröße eine Rolle, sie darf nicht zu stark differieren. Doch unabhängig davon stehen Ärzte heute vor einer fast unzumutbaren Verantwortung: Da die Anzahl der Spenderorgane nicht ausreicht, müssen sie darüber befinden, wer in welcher Reihenfolge versorgt wird. Die Entscheidung für das Leben des einen Patienten kann den Tod eines anderen zur Konsequenz haben.

Sicher könnte mehr Kranken geholfen werden, wenn die Medien stärker zur Aufklärung der Öffentlichkeit beitragen würden. Das Thema ist belastet von Vorurteilen, die aus Unwissenheit resultieren, wie alle Vorurteile. Ich verstehe die Ängste, ich sehe aber auch die Not. Über tausend Patienten warteten 1996 in Deutschland auf ein Spenderherz, doch nur 510 konnten transplantiert werden. In 95 Prozent der Fälle hatten Angehörige des Organspenders einer Entnahme zugestimmt; lediglich fünf Prozent hatten diese Entscheidung selbst getroffen und schon zu Lebzeiten dokumentiert. Fast die Hälfte der Spenderherzen stammte nicht aus Deutschland, sondern wurde importiert.

Eine Studie an der Göttinger Universität ergab, daß beinahe alle Befragten für Organspenden sind. Skrupel resultieren aus Angst vor Mißbrauch, aus medizinischen, ethischen und religiösen Bedenken. Der eigentliche Streitpunkt ist die sogenannte Hirntodregelung.

Wenn ein Mensch stirbt, durch Alter oder Organversagen zum Beispiel, sterben alle Organe und Gewebe infolge des Herz- und Atemstillstands unmittelbar ab.

In Fällen schwerster Hirnschädigung, verursacht durch

einen Unfall oder Hirntumor, wird das Gehirn oft nicht mehr durchblutet, und es kann zu einem totalen, unumkehrbaren Ausfall der Hirnfunktionen kommen. Sämtliche vom Gehirn ausgehenden Steuerungsprozesse sind beendet. Der Mensch ist nicht mehr in der Lage, selbständig zu atmen. Er ist nicht länger lebensfähig. Herz- und Kreislauftätigkeit lassen sich jedoch durch künstliche Beatmung und auch durch Medikamente bis zu einigen Wochen verlängern. Nur beim Hirntod sind die Organe weiterverwendbar.

Nach dem Stillstand von Atmung und Kreislauf ist jeder Arzt berechtigt, den Tod des Patienten festzustellen. Geht der Tod indes auf einen Stillstand des Gehirnkreislaufs zurück, müssen zwei Ärzte, die keinem Transplantationsteam angehören dürfen, nach gründlichen Kontrolluntersuchungen dokumentieren, daß dieser Ausfall trotz intensiver Bemühungen nicht mehr rückgängig zu machen ist. Erst dann ist eine Entnahme von Spenderorganen gestattet. In Deutschland gilt die erweiterte Zustimmungslösung: Eine Organentnahme ist dann zulässig, wenn der Verstorbene zu Lebzeiten eingewilligt hat. Falls keine Entscheidung vorliegt, bestimmen die Angehörigen nach dem mutmaßlichen Willen des Verstorbenen.

EUROTRANSPLANT ist die zentrale Sammelstelle für medizinische Daten von Patienten, die zur Transplantation angemeldet sind. Über Computer werden dort die Werte des Spenders und der möglichen Empfänger verglichen, um den bestgeeigneten Patienten zu ermitteln. Dieser Zentrale, die im holländischen Leiden ihren Sitz hat, sind Luxemburg, Belgien, Holland, Österreich und Deutschland angeschlossen. In Spanien, Polen, Portugal, Ungarn, Tschechien, Österreich und Luxemburg existiert eine sogenannte Widerspruchslösung. Organe dürfen nur dann nicht entnommen werden, wenn der Verstorbene dies zu Lebzeiten ausdrücklich verweigert hat. Diese Regelung setzt voraus, daß sich jeder mit seinem Leben und seinem Tod beschäftigt. Die Gesetze sind sehr unterschiedlich in Europa. Doch man muß sich auch in den Menschen hineinversetzen, der auf eine Organspende angewiesen ist: Wie soll er mit dem Wissen leben, daß ihm das Spenderorgan vielleicht nicht freiwillig überlassen wurde?

Der Name des Spenders und der des Empfängers bleiben für die Betroffenen anonym. Ich möchte ihn auch nicht wissen, obwohl ich mich dem Spender und seiner Familie stark verbunden fühle. Er hat mir eine zweite Chance geschenkt. Leben zu dürfen, empfinde ich als Glück und gleichzeitig auch als eine Aufgabe, denn der Spender gibt sein Herz ja nicht ohne Grund her …

Wenn wir als Kinder durch Ilmenau gedüst sind, Streiche ausgeheckt oder gemeinsam etwas unternommen haben, hielten wir uns oft für »Timur und seinen Trupp«. Dieses Kinderbuch von Arkadi Gaidar kannten alle. Timur war so eine Art russischer Robin Hood, nur sehr viel jünger, gewaltfrei und natürlich nicht verliebt. Noch nicht. Die Jungs wollten Gerechtigkeit, ohne Wenn und Aber. Ihre Methoden waren vielleicht nicht immer die glücklichsten, doch sie bewiesen Mut. Weniger kam für uns gar nicht in Frage.

Wenn sich jemand aus meiner Familie verspätet, weil irgendwer einen Rat oder spontane Hilfe brauchte, grinsen wir uns hinterher immer an: Ach ja, Timur und sein Trupp … Es gehört zum Leben einfach dazu, daß man nicht nur nimmt, sondern auch gibt.

Selbst vom Krankenhaus aus habe ich versucht, die »Tour der Hoffnung«, eine Aktion für krebskranke Kinder, weiter zu unterstützen. Ich konnte zwar nicht mehr wie sonst seit 1993 bei Veranstaltungen auftreten, hatte aber mein Telefon. Was lag also näher, als Prominente anzurufen und sie zu bitten, sich an dieser Tour zu beteiligen? Es geht ja nicht nur darum, Geld für medizinisches Gerät einzuradeln, sondern zum Beispiel auch um die Einrichtung von Elternwohnungen, damit Mütter und Väter während der Chemotherapie nahe bei ihren Kindern sein können. Mit dem Geld, das unsere Aktionen einbringen, können auch Physiotherapeuten und Sozialpädagogen bezahlt werden. Diese Art der Betreuung wäre sonst nicht möglich. Wir haben einen guten, meßbaren Erfolg. Wichtig und schön zu erleben ist vor allem, daß die Heilungschancen in diesem Bereich mittlerweile ziemlich groß sind.

Ebenfalls seit der Wende setze ich mich für eine Vereinigung gegen Gewalt ein – »Weißer Ring« heißt sie. Jeder, der es irgendwann einmal mit einem Verbrechen zu tun hatte, hat feststellen müssen, daß der Täter besser behandelt wird als das Opfer. Dem Täter wird ein Pflichtanwalt gestellt, dem Opfer hingegen nicht. Das Opfer wird während der Verhandlung ausgezogen bis auf die Haut, der Täter nicht. Der Täter erfährt die Adresse des Opfers, das Opfer wird ihm also schutzlos ausgeliefert. Und, und, und.

Der »Weiße Ring« ist auch in Thüringen angesiedelt, mit 2000 Mitgliedern, und in diesem Verein engagiere ich mich, damit Gesetze zum Schutz der Opfer geschaffen werden. Wir nutzen die Mitgliedsbeiträge, um ältere Menschen zu unterstützen, die in Not geraten sind. Eduard Zimmermann von »Aktenzeichen XY ungelöst« ist mit dabei, der Schauspieler Günther Pfitzmann auch. Ich will einen Informationsstand beim Rennsteiglauf organisieren und bin sicher, wenn der »Weiße Ring« erst zwei- oder dreimal dabei war, werden wir viele der Angesprochenen als Mitglieder gewonnen haben.

Eigentlich bin ich eher ein introvertierter Typ, aber wenn andere sich freuen, kann ich mich unwahrscheinlich mit ihnen freuen. Es ist wie ein Elixier. Wer beschenkt da nun wen?

»Wir reduzieren jetzt langsam die Beatmungsmaschine«, kündigt ein Arzt Hartwig Gauder während der Visite an. Wenn alles weiter so positiv verlaufe, ermuntert er ihn, könne der intubierte Schlauch am Vormittag aus der Luftröhre entfernt werden. »So schnell wie möglich!« schreibt Gauder mit seinem Finger auf die Bettdecke. »Geduld, Geduld, wir werden sehen«, schmunzelt der Arzt, während er sich um die Beatmung kümmert.

Gegen 4.30 Uhr ist es dann bereits soweit: Gauder wird extubiert. Nichts drückt und würgt ihn mehr. Erst atmet er vorsichtig, dann tief durch. »Sie sind so stabil, wir werden auch gleich die Nasensonde rausnehmen«, entscheidet der Arzt. Gauder kann sein Glück kaum fassen, räuspert sich und versucht zu sprechen. Die Stimme hört sich normal an! Er ist so froh, daß er als erstes fragt: »Darf ich telefonieren?« Der Krankenpfleger bringt ein Telefon, wählt die angesagte Nummer und meldet sich nach einigen Sekunden: »Hier ist das Deutsche Herzzentrum …« Pause. »Nee, nee, keine Angst! Ihrem Mann geht es gut, er möchte Sie sprechen …«

Ihre Beine fielen mir sofort auf. Ich stand allein in einer Ecke und trank irgend etwas, als sie den Raum betrat. Kurzer Rock, Absatzschuhe, sehr hübsch.

Marions Ausstand war mein Einstand. Nach der zehnten Klasse verließ sie die Kinder- und Jugend-Sportschule zusammen mit einigen anderen, deren sportliche Leistungen für nicht ausreichend befunden worden waren. Sie war jahrelang Fünfkämpferin gewesen, hatte auch Talent, aber keine Lust, sich beim Training bis zur Erschöpfung zu schinden. Es gab ihr einfach nichts. Also ging sie.

Ich habe praktisch ihren Platz übernommen und glaubte mich am Ziel meiner Träume. Mit vier Wochen Verspätung kam ich erwartungsvoll nach Erfurt in meine neue Klasse, die mich sehr reserviert aufnahm. Das Klima war nicht gut, so etwas kannte ich nicht. Lauter Individualisten, die schon über drei Jahre Leistungssport betrieben und dazu erzogen worden waren, nur ihren eigenen Vorteil zu sehen. Es gab keine Kooperation bei den Hausaufgaben, nichts. Langweiler. Am ersten Wochenende fragte ich in die Runde: »Was macht ihr denn heute abend?« Sie starrten mich nur verständnislos an: »Na, wir bleiben hier.« Das kannte ich nicht. In Ilmenau sind wir tanzen oder ins Kino gegangen, haben irgendwas unternommen. Für die war ich der behütete Junge vom Dorf, das Landei. Schlimm. Aufgrund meiner sportlichen Entwicklung bekam ich ein Jahr später Einzelunterricht.

Ich ging erst sieben Tage auf diese Schule und kannte kaum jemanden, als die Abschiedsfete der alten zehnten Klasse stattfand. Marion wirkte quicklebendig, wir redeten und tanzten ein bißchen. Sehr sympathisch, dachte ich mir. Später am Abend trug ich ihr das Tonbandgerät nach Hause, das sie mitgebracht hatte. Die anderen waren zu stoffelig. Wir winkten uns noch einmal zu, das war's.

Training, Unterricht, Training, Training – für mich hatte sich einiges geändert. Jetzt wollte ich es wissen. Trotzdem hockte ich in meiner Freizeit nicht im Internat herum. Irgendwann im Dezember zogen zwei Jungs und ich in die Futterstraße. Doch in der sonst meist überfüllten Disko war diesmal nichts los. Plötzlich kam jemand auf die Idee, bei Marion vorbeizugehen, die an diesem Abend Geburtstag hatte. Eigentlich wollte ich so spät nicht mehr mit, aber die anderen überredeten mich. Dort saß ich dann auf dem Sofa und schämte mich, weil wir die Familie um diese Zeit noch überfallen hatten. Es war still im Haus, Marions Vater lag schon im Bett. Ihre Mutter hat unseren Auftritt jedoch ziemlich locker genommen, brachte uns Getränke, machte gleich Wiener Würstchen warm – und da war's um mich geschehen. Ich bin nun mal ein absoluter Bockwurstfan.

An diesem Abend verabredete ich mich mit Marion, und seither sind wir zusammen. Zuerst fühlte ich mich etwas unsicher, denn die Schule hatte mich dreimal innerhalb kürzester Zeit zum Haareschneiden geschickt. Beim dritten Mal landete ich bei einem Friseur, der Schramm hieß, sehr heiser sprach und das folgendermaßen erklärte: »Das kommt von den winzigen Haaren, die ich seit Jahren beim Abschneiden geschluckt hab.« Ich nickte schicksalsergeben. Seine John-Wayne-Stimme hatte natürlich andere Ursachen, hochprozentige. Doch das erfuhr ich erst später. Er trug den Spitznamen »Bürsten-Schramm« nicht ohne Grund, wie mir sofort klar wurde – ich verließ seinen Laden mit einer Frisur, die auch vor den Augen des preußischsten Offiziers noch Gnade gefunden hätte. Wir nannten das einen Mecki. Und so hat mich Marion genommen …

Allerdings ohne Brille. Die trug ich sehr selten damals. Zwei Jahre mogelte ich mich durch, indem ich die Zahlen für den Sehtest beim Optiker vorher auswendig lernte. Irgendwann ließ sich meine Schwäche nicht mehr vertuschen, und ich wurde in die erste Reihe gesetzt.

Das war vermutlich noch nicht Strafe genug. Denn als Marion und ich eines Abends am Himmel nach Sternbildern suchten, zeigte sie mir den Großen Wagen. Hilfe! Wie sollte ich ihn erkennen? Für mich war alles nur blau, dunkelblau. »Ich seh' den nicht«, gab ich zu. Darauf sie: »Du Idiot!« Jetzt half lediglich die Flucht nach vorn: »Dann muß ich meine Brille aufsetzen ...«

Sehr viel später hat Marion mir gestanden – einen mit Brille wollte sie nie.

Geheiratet haben wir trotzdem, mitten im Studium, fast fünf Jahre nach ihrem 18. Geburtstag. Wir paßten einfach gut zusammen. Jeder ließ dem anderen genügend Freiraum zur Entwicklung. Sie hatte eine Zeitlang als Apotheken-Facharbeiterin gearbeitet. Das sagte ihr aber nicht zu, sie fühlte sich nicht wirklich gefordert. Es genügte ihr nicht, Rezepte entgegenzunehmen und Arzneien zu verkaufen. Also holte sie ihr Abitur auf der Abendschule nach, um Architektur oder Medizin zu studieren. Schließlich wurde es Zahnmedizin.

Soweit es sich einrichten ließ, haben wir unsere Freizeit zusammen verbracht. Sie war sehr unternehmungslustig, hatte viel mehr Feuer als die lahmen Typen im Internat. Und ihre Eltern haben mich wie einen Sohn aufgenommen. Mit ihnen konnte ich sogar über meine Probleme sprechen, die wurden gemeinsam gelöst, und so ist die Verbindung langsam gewachsen. Weil ich mich nicht verschlossen habe, auch wenn ich viel Kritik einstecken mußte, angefangen bei meiner Kleidung, die von den Farben und Größen her überhaupt nicht zusammenpaßte ... Ich trug einen Mantel, den ich zur Jugendweihe bekommen hatte. Die Ärmel endeten irgendwo zwischen Ellenbogen und Handgelenk, was mir nichts ausmachte, Marions Eltern aber zu einem deutlichen Rüffel veranlaßte. Sie verfolgten auch genau, wie ich mich als Geher entwickelte. Wenn ich zu überheblich wurde, haben sie mich gleich wieder auf den Teppich geholt. Marion und ihre Eltern waren immer an meiner Seite, haben sich in der Öffentlichkeit jedoch stets im Hintergrund gehalten. Dabei hätte ich meine sportlichen Erfolge ohne sie gar nicht erzielen können.

Meine Frau wußte ziemlich genau, wann sie mich ermutigen, dämpfen, provozieren, trösten oder veralbern mußte. Ausgerechnet nach meiner schlimmsten Niederlage hat sie es aber übertrieben. Bei einem Länderkampf gegen Großbritannien wurde ich Letzter mit der Startnummer 123. Marion reimte darauf nach meiner Rückkehr: »1, 2, 3, will denn keiner mehr vorbei?«

Es gehört sehr viel Verständnis und Toleranz dazu, mehr als zwanzig Jahre mit einem Hochleistungssportler zu leben. Er ist oft nicht da, und wenn er da ist, steht er häufig unter Druck. Selbst nach meinem Ausstieg aus dem Sport habe ich Marions Geduld hin und wieder noch auf eine harte Probe gestellt. Wegen des Studiums kam ich manchmal drei, vier Tage nicht zum Laufen, und wenn ich nicht im Freien laufen, walken oder gehen kann, überfallen mich unweigerlich Kopfschmerzen und schlechte Laune. Ich werde unleidlich. Marion hat das natürlich längst durchschaut und läßt sich davon nicht beeindrucken, sondern erinnert mich an die Frau meines Trainers. Wird er brummig, stellt sie ihm einfach die Laufschuhe vor die Tür …

Für uns änderte sich vieles, als Marcus geboren wurde. Durch ihn habe ich mehr Verantwortung gelernt, das Denken an die Generationen, die uns folgen. Und gleichzeitig eine größere Unbekümmertheit. Was mir der Sport vierzig Jahre gegeben hat, nämlich jung zu bleiben, das ermöglicht Marcus mir jetzt durch Gespräche, durch seine Musik, durch die Identifikation. Als Kind hatte ich zwar jede Menge Freiheiten, meine Eltern haben für mich getan, was sie konnten, aber es kam selten vor, daß ich mal in den Arm genommen wurde. Ich habe das nicht vermißt, es war eben so. Die Geburt unseres Sohnes hat einen Umgewöhnungsprozeß in mir ausgelöst. Weil Marcus fordert. Und er verblüfft mich, auch mit seinen dreizehn Jahren. Er braucht Nähe, er braucht Zärtlichkeit, und er fordert das ein, knallhart. Er würde Hand in Hand mit mir durch die Stadt gehen, und es macht ihm überhaupt nichts aus, seine Mutter vor anderen Jungs auf die Wange zu küssen. Die Angst steckt noch in ihm, daß ich sterben könnte. Das hat er sich mir gegenüber nicht anmerken lassen, aber ich vermute es. Ein starker Charakter. Durch meine Krankheit ist er sehr erwachsen geworden und hat ganz neue Aufgaben übernommen, zum Teil beschützt er mich. Erstaunlich.

Für ihn koche ich am liebsten. Marcus ist ein dankbarer Esser. Auf meinen Reisen habe ich ja viele Nationen, Küchen und Gerichte kennengelernt. Da war wieder die Frage: Was ist das? So bin ich zum Kochen gekommen. Jemand, der so gern ißt wie ich – ich esse wirklich gern, viel und gut –, der sollte es auch lernen, Mahlzeiten zuzubereiten. Also habe ich angefangen, mich damit zu beschäftigen. Von überall her brachte ich Gewürze mit. Die ersten Ergebnisse fielen jedoch katastrophal aus. Meine Experimentierfreude war wohl etwas übertrieben, vor allem, was die Zusammenstellungen betraf: Bockwurst mit Erbsengemüse und Kroketten … Der Aufwand! Um 'ne Bockwurst salonfähig zu machen. Ein anderes Mal habe ich Thüringer Rostbratwurst mit Zuckerguß ummantelt. Das Zeug war klebrig und hing an meinem verbrannten Finger, eine Plage. Hat aber geschmeckt. Ich habe einfach alles ausprobiert. Neuerdings bringe ich sogar Hefeklöße zustande. Nur an Thüringer Klöße traue ich mich nicht heran, das ist ein Geheimrezept meiner Schwiegermutter, die es mir hoffentlich eines Tages verrät.

Gegen 6.00 Uhr kommt der Krankenpfleger erneut zu Hartwig Gauder und fragt ihn, ob er einen Wunsch hätte. »So'n richtig schönes amerikanisches Frühstück!« antwortet er prompt, als hätte er an nichts anderes gedacht. Der Pfleger bedauert: »Das können wir leider nicht machen. Aber Ihnen geht es ja so gut, ich hole Ihnen ein Eis.« Kurz darauf erscheint er mit einem Wassereis, das Gauder ganz langsam lutscht, um es länger genießen zu können. Später bringt er ihm einen dampfenden Pott Kaffee. Gauder trinkt ihn in ganz kleinen Schlucken, setzt die Tasse ab, trinkt wieder, setzt ab und strahlt. Er kann sich nicht erinnern, jemals etwas Köstlicheres getrunken zu haben. Nach der Operation schien sein ganzer Körper ausgetrocknet zu sein. Jetzt spürt er die Flüssigkeit fast in jeder Pore. Als der Pfleger nach einer halben Stunde das Geschirr abräumen will, hält Gauder ihn zurück, um auch noch den letzten Schluck für sich zu retten. Essen darf er nicht, aber ein zweites Wassereis wird ihm genehmigt.

So wie eben beim Trinken fühlte ich mich an dem Tag, als ich den Felsen entdeckte, der mein Lieblingsplatz werden sollte. Es ist der Hohe Möst auf dem Rennsteig. Dichter Mischwald umgibt ihn, in der Nähe stehen zwölf Steine, die die Einheimischen die Zwölf Apostel nennen. Zu »meinem« Felsen findet man nur über Schleichwege. Das Plateau ist gerade groß genug, um darauf zu stehen, zu sitzen oder zu liegen. Dazu gehört allerdings schon etwas Mut. Denn von der Spitze geht es dreißig Meter steil hinab. Ich liebe es, zu jeder Jahreszeit von dort oben ins Tal zu schauen, den Wind an meinen Schläfen zu spüren und ganz tief durchzuatmen. An keinem anderen Ort der Welt fühle ich mich freier.

Klettern ist eigentlich nicht mein Ding. In Äthiopien stand ich einmal am Ostafrikanischen Grabenbruch, 800 oder 1000 Meter tief, alles sehr zerklüftet. Ich wollte unbedingt fotografieren, hatte die ganze Zeit aber ein blödes Gefühl. Als ich mit Marcus in St. Moritz auf eine Klettertour ging, fragte er mich oben: »Warum hast du denn so geschwitzt?« Ich war wirklich klitschnaß und schnaufte bloß: »Weil ich den Rucksack getragen habe.« Inzwischen weiß ich, es ist das Nichtvertrauen in die eigene Leistungsfähigkeit. Meine Armkraft ist im Gegensatz zu meiner Beinkraft nicht genügend ausgebildet, um das Klettern souverän zu meistern.

Fallschirmspringen dagegen macht mir nichts aus. Obwohl es ja eigentlich dusselig ist, ein Rettungsgerät zum Freizeitvergnügen umzufunktionieren. Ich wäre auch gar nicht auf die Idee gekommen, aber Mitarbeiter von Unicef hatten mich gebeten, bei einem Flugplatzfest an einer Werbeveranstaltung des Kinderhilfswerkes mitzuwirken. Als Marcus davon hörte, fragte er mich gleich, was dort los sei. Ich zählte einiges auf, und er jubelte: »O ja, Fallschirmspringen!« Ich rief bei Unicef zurück und fragte, ob Marcus das dort machen könne. Die Veranstalter wollten sehen, ob sich das einrichten ließe, meinten aber gleich: »Für Sie ist es auf jeden Fall möglich.« Marcus stand direkt neben mir, und ich hörte mich sagen: »Na ja, klar, wenn es für mich möglich ist …, springe ich eben zur Autogrammstunde mit dem Fallschirm.« Die Unicef-Leute reagierten begeistert: »Oh, das ist eine tolle Idee!« Als Marcus klar wurde, daß es konkret werden könnte, hat er es mit der Angst zu tun gekriegt, und ich habe es akzeptiert. Entweder er möchte, oder er möchte es nicht. Am Ende sprangen Marion und ich. Ein unvergleichliches Gefühl: das Rauschen, der Wind, die Spannung, die Weite, das Schweben, die Luft, der Luftdruck, die Erde, der Horizont, die Geschwindigkeit … Alles spielt sich innerhalb von Sekunden ab. Unser Sohn stand unten, schaute sehnsüchtig zu uns hoch und strahlte, als er statt dessen mit dem Hubschrauber fliegen durfte.

Ich brauche Licht, Sonne, frische Luft. Die sportliche Bewegung. Das starke Atmen. Das Erleben des eigenen Körpers. Vor allem Grün, Natur. Das hat mir auch im Krankenhaus geholfen. Wenn ich herumlaufen durfte, bin ich am liebsten zum Brunnenhof spaziert. Er liegt etwas geschützt, Büsche und Bäume umgeben ihn, man kann den Duft des Rasens einatmen und den Vögeln hinterhersehen. Dort versuchte ich, die Ruhe zu finden, die ich nachts so bitter nötig gehabt hätte. Aber bei geschlossenen Fenstern konnte ich einfach nicht schlafen, selbst Tabletten wirkten nicht. Deshalb besorgte ich mir Musik mit Vogelgezwitscher und Bachgeplätscher, stellte die CD auf Dauerbetrieb, so daß ich wenigstens einigermaßen wegduselte. Auch klassische Musik, von Vivaldi zum Beispiel, habe ich gezielt eingesetzt, um den psychischen Schock hier im Krankenhaus einigermaßen zu kompensieren.

In besseren Zeiten, als ich schmerzfrei war, konnte ich mich zurücklehnen, die Augen schließen und mir eine grüne Wiese vorstellen, mit einem Bach, bunten Blumen, einem großen, schattigen Baum … So habe ich mich erholt, egal an welchem Ort, selbst im Auto mit lauten Verkehrsdurchsagen.

Nur Lesen ist schöner. Ich weiß nicht, wieviel Bücher mir Marion ins Krankenhaus mitgebracht hat. Es müssen Dutzende gewesen sein, bei diesen verdammt langen Nächten, durch die ich mich las. Das war früher schon so. Bereits als Kind hab ich Bücher verschlungen, wissenschaftliche, belletristische, dokumentarische, einfach alles. In der Jugendbibliothek von Ilmenau habe ich am Ende nur noch die Neueingänge ausgeliehen, die anderen kannte ich längst. Manchmal konnte ich ein Buch nicht aus der Hand legen, bevor ich die letzte Seite erreicht hatte. Dafür war ich sogar zu einem Deal bereit.

Aus meinen Zeiten im Westen besaß ich noch ein gut gehütetes Stück, eine silberfarbene Zündplättchenpistole. Meine Eltern hatten es mir verboten, abends und nachts zu lesen, weil ich schlafen sollte. Kurzentschlossen tauschte ich meine Pistole gegen eine Zehnstabtaschenlampe, um unter der Bettdecke lesen zu können. So kam ich zu meiner Brille. Allerdings bemerkten meine Eltern eines Tages, daß die Pistole fehlte. Diesmal setzte es zwar keine Tracht Prügel, aber einen Heidenärger. Und wieder verstand ich die Erwachsenenwelt nicht. Warum die Aufregung um ein Ding, von dem ich sowieso nichts mehr hatte? Die Zündplättchen waren mir längst ausgegangen …

Ich habe buchstäblich alles gelesen, was ich bekommen konnte, vor allem zur Geschichte, historische Romane. Rosemarie Schuder hätte hundert Bücher veröffentlichen können, und es hätte mir immer noch nicht gereicht. Dieses Interesse setzt sich bis heute fort. Hier im Krankenhaus habe ich mich viel mit Handels- und Wirtschaftsgeschichte von Marco Polo bis zu den Fuggern beschäftigt. Tauche ich einmal in eine solche Welt ein, bin ich für die anderen hoffnungslos verloren. Man hat mir immer nachgesagt, daß ich dann wegtrete. Ich schalte einfach in mich hinein. Beim Laufen ist es auch so. Es gab Phasen, die ich ganz automatisch bewältigte, und hinterher habe ich mich gefragt, wie bist du denn jetzt von da nach hier gekommen? Ich hatte irgendwelche Bilder vor Augen, meine Gedanken waren überall und irgendwo, nur nicht auf der Laufstrecke.

Natürlich haben mir als Kind »Timur und sein Trupp« imponiert, wem nicht. Doch ich war nicht auf Vorbilder aus. Eher habe ich mir einzelne Charakterzüge zusammengesucht: Ehrlichkeit, Kampfgeist, Siegeswillen, Ausdauer, Gerechtigkeitssinn … Jedes Buch hat mir etwas gegeben. Genug, um auch Prüfungen und Leistungskontrollen in der Schule zu bestehen. Manchmal hatte ich nichts zum Thema zu sagen, redete aber trotzdem drauflos, und die Lehrer folgten mir interessiert. Mein Dreh ist ihnen selbstverständlich nicht entgangen. Vielleicht habe ich sie amüsiert, vielleicht gefiel ihnen aber auch, womit ich mich beschäftigte. Ich hatte die Gabe, von bestimmten Schwachpunkten abzulenken. Davon habe ich noch während einer Prüfung im Studium profitiert. Hinterher haben sich die Dozenten bei mir bedankt, allerdings darauf hingewiesen, daß ich das eigentliche Thema erfolgreich umschifft hätte.

Als Jugendlicher wollte ich einmal Bücher über Yoga haben. Ich hatte davon gehört, wußte aber nichts damit anzufangen. Da sich in Ilmenau keine Literatur fand, schrieb ich an die Zentralbibliothek in Leipzig. Die Antwort lautete: »Entspricht nicht den sozialistischen Vorstellungen …«

Meine Leidenschaft hatte nichts mit Weiterbildung zu tun. Sie war spielerisch. Manchmal habe ich zwei, drei Bücher parallel gelesen. Wenn ich eine Passage erreichte, die mehr Aufmerksamkeit verlangte, ich dazu aber in dem Augenblick keine Lust hatte, machte ich mit dem anderen Buch weiter. Erst Kafka, dann Graham Greene. Der Kontrast ist nicht immer so groß, aber immer reizvoll. Du reist in eine andere Welt, an andere Schauplätze, zu anderen Menschen, erlebst Gedanken, Gefühle, Konflikte, Machtkämpfe, Intrigen, Abgründe, Mut und Versagen mit, das ist unerhört spannend. Wie ein Sog. Ich genieße das. So ist es heute noch. Ich muß einfach lesen.

Gegen 7.00 Uhr öffnet sich die Tür zu Hartwig Gauders Zimmer auf der Intensivstation. Bei dem Anblick, der sich ihm bietet, verschluckt er sich fast an seinem zweiten Wassereis: Ärzte und Krankenschwestern umringen sein Bett, gratulieren ihm und staunen, in was für einer guten Verfassung er sich bereits befindet. Gauder ist gerührt. Er fragt Oberarzt Dr. Müller, der ihn als Kunstherz-Patienten betreut hatte, nach seinem Bettnachbarn. »Alles wieder okay. Er kann normal sprechen und sich bewegen. In zwei Tagen wird er explantiert.« Wundervolle Neuigkeiten! Immer wieder schaut jemand bei ihm vorbei oder winkt ihm von der Scheibe aus zu. Um 10.00 Uhr wird er auf die Unterdruck-Station verlegt. Hier werden alle Keime abgesaugt, die in diesem heiklen Stadium Infektionen auslösen könnten. Gauder hat noch Dutzende Kanülen und Katheter in seinem Körper, der Brustbereich schmerzt, doch sein Zustand stabilisiert sich.

Am nächsten Tag darf er zum ersten Mal auf der Bettkante sitzen, weitere Atemübungen machen, dann sogar stehen und mit Unterstützung zum Röntgen gehen. Bald darauf läuft er bereits vorsichtig ohne fremde Hilfe. Professor Roland Hetzer gratuliert ihm zu den raschen Fortschritten. Er ist gerade von einer Dienstreise in die USA zurückgekehrt, hat sich während der Transplantation aber mehrmals telefonisch nach dem Verlauf erkundigt. Mit Sorge hatte er Gauders rasanten Kräfteverfall beobachtet und ihn sonntags häufig aufgesucht, um ihm Mut zuzusprechen. Nun freut er sich mit seinem Patienten über jeden Schritt zurück ins Leben.

Am 3. Februar steigt Hartwig Gauder für fünf Minuten auf das Ergometer. Jede Minute mehr ist ein Sieg, und mit jedem Sieg rückt er seinem Ziel näher: Rehabilitation in Berlin-Wannsee.

Meine Tage nach der Transplantation waren ausgefüllt, aber die Nächte! Ich konnte einfach nicht schlafen. Früh um sechs war ich froh, wenn ich es wieder einmal überstanden hatte. Schon in der ersten Nacht stellte ich fest, daß das Fernsehprogramm in diesen Stunden grausam ist. Ich zappte mich so durch die Kanäle, und meist blieb ich bei einem Busfahrer hängen, der quer durch Berlin kurvte. Ein witziger Typ, doch es wiederholte sich. Und Sightseeing-Touren werden auch vom Bett aus nicht spannender. Lieber habe ich gelesen, Magazine, Zeitungen, Kurzgeschichten, »Sofies Welt« von Jostein Gaarder und »Die Säulen dieser Erde« von Ken Follett. Ich hörte wieder meine Musik und habe endlos nachgedacht. Wie sollte es nun weitergehen?

Ich mußte meinen Körper völlig neu kennenlernen, denn die Nervenbahnen vom Herzen waren ja gekappt. Trotzdem verspürte ich keine Fremdheitsgefühle. Ich habe vorher schon sehr intensiv gelebt. Jetzt war ich allerdings noch introvertierter als sonst. Das hing nicht damit zusammen, daß mich irgend etwas beunruhigt oder irritiert hätte, mich durchströmte vielmehr ein vollkommenes Gefühl des Glücks.

Die vielen Katheter war ich schon nach einer knappen Woche los, ich mußte mich schonen, durfte mich aber bewegen. Als ich am 15. Tag nach der Transplantation meinen Clean-Raum erstmals verlassen konnte, um ins

Freie zu gehen, ganz warm angezogen, mit Mundschutz und weißen Handschuhen, habe ich tief eingeatmet. Endlich frische Luft! Es war, als würde mir ein Strick vom Hals genommen werden. Alle Poren meines Körpers schienen sich zu öffnen und auf Empfang zu schalten. Ich fühlte mich wie berauscht, obwohl ich eher schlich. Das merkte ich in diesem Augenblick überhaupt nicht. Am liebsten hätte ich mir ein Zelt auf dem Brunnenhof aufgeschlagen. Noch lieber wäre ich am gleichen Abend mit Marion und Marcus zusammen nach Hause gefahren. Zuallererst wollte ich aber ein Versprechen einlösen, das ich mir selbst nach meiner Operation gegeben hatte – wir suchten eine kleine Kapelle in der Nähe auf, um eine Kerze für den Menschen anzuzünden, dem ich das Spenderherz und damit mein Leben zu verdanken hatte.

Draußen empfing uns die Sonne. Kühl und klar, wie sie nur im Februar scheint. Auf den Zweigen lag Rauhreif, und über uns zogen Flugzeuge weiße Linien in den Himmel.

Beim zweiten Ausgang fuhren Marion und ich schon ins Zentrum von Berlin, um uns ein Essen im Restaurant zu spendieren. Ente beim Chinesen. Köstlich! Lustig war jedoch, daß meine Hände so stark zitterten, daß der Tisch leicht vibrierte und die Nachbarn herüberstarrten. Und dann mit Stäbchen! Gabel oder Löffel habe ich mir trotzdem nicht bringen lassen. Mein »Wackelkontakt« erwies sich als vorübergehend. Es war nur so, daß ich die durch die Medikamente ausgelösten Nebenwirkungen überhaupt noch nicht im Griff hatte – im doppelten Sinne.

Dieser Ausflug blieb eine kleine Extravaganz. Mein Alltag im Krankenhaus sah völlig anders aus. Morgens um sechs stieg ich bereits für dreißig Minuten aufs Ergometer, nachmittags gleich noch einmal. Zwischendurch machte ich Walking auf dem Laufband, sechzig Minuten, und erreichte am Ende die Spitzengeschwindigkeit von 4,2 Kilometer pro Stunde. Manchmal mußte ich darüber grinsen, meist kostete es mich allerdings so viel Kraft, daß ich gar nicht auf die Idee kam, an einstige Trainings- oder Wettkampfzeiten zu denken. Das war alles sehr weit weg. Ich lebte wie in einem Kokon und wartete auf den Moment, wo ich ins Freie entschlüpfen konnte.

Leider durfte ich erst vier Wochen nach der Transplantation in die Rehabilitationsklinik. Vorher wurde kein Bett frei. Es war Anfang März, noch kühl, roch aber bereits nach Frühling. Unter den Büschen im Park blühten die ersten Schneeglöckchen. Ich lehnte mich an einen Baum, schloß die Augen und hörte es zwitschern, summen, rascheln, knacken, tröpfeln, plätschern, rauschen. Stille.

Als ich mein Zimmer bezog, öffnete ich sofort das Fenster. In dieser Nacht brauchte ich keine Schlaftabletten; ich erwachte morgens und fühlte mich ausgeruht. Auf einmal ging alles sehr viel leichter. Zum Rehabilitationsprogramm gehörten für mich Gymnastik, Gehen, Wandern, Treppensteigen, Ergometer, natürlich in Maßen. An einem der ersten Tage hatte ich 15 Minuten auf dem Ergometer zugebracht und wollte anschließend zum Wassertreten gehen. Im Korridor merkte ich plötzlich, wie es in meiner Herzgegend rumpelte, ohne daß ich mich überanstrengt hätte. Das konnte nicht normal sein. Verlier jetzt bloß nicht die Nerven! sagte ich mir, blieb stehen und ging dann langsam zur Ärztin. Sie verfrachtete mich sofort ins Intensivzimmer und stellte eine extrem erhöhte Pulsfrequenz fest – 150! So kündigte sich ein Vorhofflimmern an. Ein alarmierendes Zeichen, denn sobald es in ein Kammerflimmern übergeht, ist alles zu spät. In dieser Situation half zunächst nur eins – ganz ruhig bleiben. Ich ahnte, was es bedeutete, und wußte, was auf dem Spiel stand. Mich hatte eine der gefürchteten Abstoßungsreaktionen ereilt. Das warf mich um Lichtjahre zurück.

Jetzt mußte ich hochdosiertes Kortison schlucken, das nicht nur mein Gesicht aufschwemmte, sondern vor allem die Gefahr der Osteoporose heraufbeschwor. Bänder und Gelenke sind nicht mehr so belastbar. Selbst wer Extremsportarten meidet, Tennis oder Squash zum Beispiel wegen der vielen Stoppschritte, kann sich schon in banalen Alltagssituationen die Knochen brechen. Manchmal genügt es bereits, daß einem beim Überqueren der Straße der Fuß umknickt. Ich wollte den Teufel nicht an die Wand malen, mußte mir nach diesem Dämpfer jedoch eingestehen, wie verbraucht meine Nerven waren. An Reserven gar nicht zu denken. Nun durfte nicht mehr viel passieren …

Aber es passierte. Eine zweite Abstoßungsreaktion folgte, die sich wie die erste ankündigte, schließlich sogar eine dritte. Die letzte bemerkte ich gar nicht, das Nachtüberwachungsgerät hatte allerdings Unregelmäßigkeiten registriert.

Diese Abstoßungserscheinungen können sich auf verschiedene Weise zeigen. Bei Kindern ist es relativ einfach, Störungen zu registrieren, denn sie hören auf zu essen und zu spielen. Fast immer ein untrügliches Zeichen. Erwachsene verspüren in den meisten Fällen Rhythmusstörungen. Das eigentliche Dilemma besteht darin, daß die Abstoßungsreaktionen das implantierte Herz von Mal zu Mal mehr schädigen und dessen Leistungsfähigkeit wieder minimieren. Der Körper erkennt das Fremde und reagiert darauf. Eine andere Molekular-

und Eiweißstruktur. Und dann gibt er ein deutliches Warnsignal – das gehört da nicht hin. Vergleichbar einem Splitter, der rauseitert. Nur würde das Herz nicht rauseitern, sondern absterben.

Nach der Operation war es so steil bergauf gegangen, daß es an ein Wunder gegrenzt hatte. Ich wähnte mich schon mit Tempo 180 auf der Autobahn, und von einer Stunde auf die andere durfte ich mich nur noch auf Landstraßen bewegen. Zeitweise fühlte ich mich benebelt von den Medikamenten, konnte mich nur sehr schwer konzentrieren und nur mit wahnsinniger Mühe realisieren, was ich mir vorgenommen hatte. Wegen der Abstoßungen kehrte ich zurück ins Krankenhaus. Die Einnahme von Kortison genügte nicht mehr. Ich wurde mit Elektroschocks behandelt, dreimal. Sie sollten das ungleichmäßig schlagende Herz wieder in einen Sinusrhythmus bringen. Es half, es mußte einfach helfen.

Nichts sollte vergeblich gewesen sein, nicht die Ängste und Hoffnungen, nicht die Schmerzen, Wünsche und Enttäuschungen. Ich biß die Zähne zusammen, absolvierte meine Übungen, und wann immer ich es einrichten konnte, hielt ich mich in der Natur auf. Wieviel Weg ich dort zurücklegte, habe ich meinen Körper entscheiden lassen. Er signalisierte mir sehr genau, was ich brauchte. Meist fühlte ich mich hinterher so wohl, daß es auch auf meine Psyche ausstrahlte. Die Knospen der Büsche und Bäume zu sehen, das grüne Gras und die ersten Blumen, erfüllte mich mit wachsender Freude. So tankte ich auf und fand zu einem inneren Gleichgewicht zurück. Dieser Frühling am Wannsee war mein bisher schönster.

Ich empfand die Rehabilitationsbedingungen als ideal. Der wundervolle Park, die Spazierwege, das Wasser. Reine Luft, trotz der Nähe zur Innenstadt. Das einzige, was mich störte, war das Verhalten vieler Patienten. Sie drückten sich vor fast allem, meckerten übers Essen und nahmen nur die wenigsten Angebote wahr. Einmal besuchte ich ein Seminar zur Streßbewältigung, und die Patienten schafften es tatsächlich, die Veranstaltung zu sprengen, indem sie eine Stunde über den Streß in der Reha-Klinik jammerten. Noch im Krankenhaus hatte ich beobachtet, wie ein Patient draußen im Eingangsbereich rauchte. Er trug einen geborgten weißen Bademantel. Auf dem Rücken stand in großen schwarzen Buchstaben: DHZ – Deutsches Herzzentrum. In Wannsee war es ähnlich.

Das Rehabilitationsprogramm wurde individuell auf mich zugeschnitten, weil ich als Sportler natürlich andere Voraussetzungen mitbrachte und mit meinem Körper viel besser umgehen konnte. In der Normalgruppe wäre ich unterfordert gewesen. Und was ich mir draußen zugemutet oder abverlangt habe, hing sehr stark von meiner jeweiligen Verfassung ab. Wenn ich drei Stunden gewandert bin, habe ich mich über eine Pulsuhr kontrolliert. Auch hier kam der Tag, an dem mich kein Fahrstuhl mehr interessierte. Anfangs schaffte ich nur einen Treppenabsatz, doch das steigerte sich relativ schnell. Wenn ich es nicht eilig hatte, habe ich das schon immer und überall genutzt. In Äthiopien wohnten wir Leichtathleten im zehnten Stock. Ideal für das kleine Training zwischendurch. Quasi als Dessert. Nur vor dem Mittagsschlaf habe ich mir das verkniffen und bin schnell mit dem Fahrstuhl hochgefahren. Für diesen Luxus hätte ich um jede Minute gefeilscht.

Als mich meine Familie Ostern besuchte, erinnerten wir uns an unser Vorhaben von Weihnachten. Nach der Transplantation, hatte ich dem Kapitän versprochen, würden wir wieder auf seinem Schiff fahren. Er staunte nicht schlecht, als wir dann tatsächlich vor ihm standen und »Hallo!« sagten. Für mich schloß sich hier ein Kreis. Kein Eis und Schnee mehr. Die Luft war mild. Der Winter hatte weichen müssen.

Eine Woche später wurde ich nach Hause entlassen. Obwohl die Handwerker während meiner Abwesenheit »eingezogen« waren, fühlte ich mich sofort heimisch. Die Rückkehr brachte mir nur Vorteile. Ich hatte meine Familie, den Computer, Bücher, konnte durch den Garten schlendern, selber kochen und mich frei bewegen. Wenn nichts Ernstes dazwischen kam, mußte ich einmal wöchentlich nach Berlin fahren, um mich im Deutschen Herzzentrum vorzustellen. Daraus wurde bald schon ein monatlicher Rhythmus. Ich schlief und ruhte viel, packte mich aber nicht in Watte. Anfangs lebte ich sehr zurückgezogen, auch um mich nicht einer Ansteckungsgefahr auszusetzen. Infektionen bergen ein ebenso hohes Risiko in sich wie Abstoßungsreaktionen. Es ist ein Teufelskreis: Um die Gefahr der Abstoßungen zu verringern, werden Medikamente gegeben, die das Immunsystem schwächen. Manche Transplantierte sterben schon im ersten Jahr an einer Lungenentzündung oder anderen Infektionen, die sich aus einer simplen Erkältung entwickelt haben. Wichtig ist es, eine Balance zu finden.

Zwischen Leichtsinn und Risikobereitschaft liegen Welten. Ich will nicht ängstlich leben. Denn auch Angst kann töten, in Raten. Entweder es erwischt mich, oder es erwischt mich nicht. Viele Sachen sind vermeidbar oder reparabel, wenn man sich genau kennt und beobachtet.

Einmal unterhielt ich mich mit einem Mann, der schon seit drei Jahren transplantiert war und überall Gefahr witterte. Sein Verhalten lief auf Quarantäne hinaus.

Was ich auch vorbrachte, er winkte ab. Die Angst hatte ihn verkrustet. Am Ende sagte ich nur: »Okay, vielleicht falle ich ja auf die Nase, aber so wie du könnte ich nicht leben.« Er ging zum Beispiel immer noch mit Mundschutz einkaufen. Ein einziges Mal hatte er auf seine Frau gehört und den Mundschutz weggelassen, weil kaum Leute in dem Geschäft waren. Sofort bekam er eine Virusinfektion und mußte fünf Monate im Krankenhaus liegen. Dreimal hatte er Kortison in einer Dosis nehmen müssen, wie sie auch mir verabreicht worden war, und prompt hatte er sich eine Rippe gebrochen.

Klar, ich trage das 350fache Krebsrisiko durch diese Medikamente. Die Lebenserwartung ist wer weiß wieviel geringer, als sie es sonst gewesen wäre. Und trotzdem: Was ist das für ein Leben, wenn ich mich fürchte, unter Menschen zu gehen, mich im Freien zu bewegen, ein Eis zu lutschen, in einen Apfel zu beißen, ein Restaurant zu besuchen, in den Urlaub zu fahren oder im Meer zu schwimmen? Lohnt sich der Verzicht auf so vieles, was einem lieb und teuer war, wenn man am Ende sogar Angst vor seinem eigenen Schatten hat? Manchmal zieht Angst das an, was man verhindern möchte. Es ist wie mit dem Mißtrauen, das verknöchert und lähmt. Alles, was ich tue, entwickelt sich aus der Frage, warum ich lebe. Und das Warum beeinflußt dann das Wie. Es gibt keine neuen Lebensabschnitte, nur der Lebensrhythmus verändert sich.

Natürlich mied ich von Anfang an, was Transplantierte auf jeden Fall meiden sollten: Blumen- und Pflanzenerde, rohes Fleisch, Mayonnaise, Softeis, Pilze, Eier, rohen Fisch, Gorgonzola, Salat, wenn ich nicht weiß, ob er gut gewaschen wurde, oder den Kontakt zu Tieren – vor allem, wenn es sich um einen Chow-Chow oder Hirtenhunde handelt … Alkohol sollte nur sehr dosiert genossen werden, Gedünstetes, Gekochtes, Gebratenes ist erlaubt, und die Einschränkungen sind im Grunde relativ harmlos.

Den Salat kann ich mir selber anrichten, fette Mayonnaise mag ich sowieso nicht, rohes Fleisch habe ich nie gegessen. Auf rohen Fisch kann man verzichten. Den hatte ich in Tokio probiert, und dann war's gut. Wer so experimentierfreudig kocht wie ich, sieht in tabuisierten oder fehlenden Zutaten ohnehin eher eine Herausforderung als einen Verlust, der das Ende aller Spielräume bedeuten würde.

Nach meiner Heimkehr übernahm ich gern das Zepter in der Küche, um meine Familie zu entlasten und sie jetzt auch mal zu verwöhnen. Ich wollte ihr helfen, die schlimme Zeit, die sie mit mir durchgemacht hatte, so zu vergessen, daß sie sich erholen konnte. In unseren Alltag sollte endlich wieder etwas Normalität einziehen. Leichter gedacht als getan.

Ende April klingelte zu Hause das Telefon. Es ging mir nicht gut an dem Tag. Ich hatte Blutdruckprobleme, Kopfschmerzen und Ohrensausen. Trotzdem nahm ich den Hörer ab. »Herr Gauder?« fragte eine Frau, die sich als Geraldine vorstellte und keinen Nachnamen nannte. Ich fand nichts dabei, weil sich seit meiner Rückkehr aus dem Krankenhaus immer wieder Leute an mich gewandt hatten, die selber erkrankt waren, dringend Hilfe oder einen persönlichen Rat brauchten. In dem Augenblick, als die mir unbekannte Frau losreden wollte, klingelte mein Handy, und ich bat sie um einen Moment Geduld. Ein Sportredakteur der »Thüringer Allgemeinen« wollte mir einige Fragen stellen, und ich versprach ihm, mich gleich bei ihm zurückzumelden, sobald ich das andere Gespräch erledigt hätte.

Kaum hatte ich zu der Frau gesagt: »So, jetzt kann ich

zuhören«, fing sie auch schon an zu erzählen. Sie wäre Mutter zweier Söhne, habe einen Mann, ihr Leben sei so und so … Es war eine längere Vorrede. Dann, nach einer Pause: Sie wisse aus dem berufenen Mund eines Arztes, daß ihre eigene Mutter gestorben sei, damit ich weiterleben könne.

Ich schluckte fassungslos, sah mich aber außerstande, sie zu unterbrechen.

Ihre Familie, fuhr sie fort, würde dafür sorgen, daß ihre Mutter begraben werde, ganz begraben werde, das heißt – mit ihrem Herzen. Ihr sei bekannt, daß ich dieses Herz bekommen hätte, deshalb werde ihre Familie dafür sorgen, daß ich stürbe. Dann legte sie auf.

Ich war fix und fertig. Wie erstarrt. Irgendwann legte ich den Hörer auf, setzte mich hin und dachte: So was kann's doch gar nicht geben … Nachdem ich mich einigermaßen gefaßt hatte, rief ich meine Frau an. »Na«, lästerte sie, »hat Geraldine sich bei dir gemeldet?« Ich war ganz konsterniert. »Woher weißt du das?«

Die Frau hatte in Marions Praxis angerufen, sich ebenfalls als Geraldine vorgestellt, und die Arzthelferin hatte ihr, ohne mißtrauisch zu werden, unsere Privatnummer gegeben. Später erzählte sie es meiner Frau und witzelte noch herum, von wegen Freundin und so. Kurios ist nur: Praxis- und Privatnummer stehen untereinander im Telefonbuch. Also warum der Umweg über meine Frau beziehungsweise über ihre Mitarbeiterinnen? Wir standen vor einem Rätsel. Eigentlich wollten wir es auf sich beruhen lassen, um jedes Aufsehen zu vermeiden, aber ein Freund, mit dem ich mich schließlich doch beraten hatte, drängte: »Sofort Anzeige!«

Ich konnte gar nicht so schnell gucken, da standen schon vier Kriminalbeamte vor unserer Tür. Das belastete mich noch zusätzlich. Ich als Frischling, gerade erst zu Hause, sollte Aufregung und nähere Kontakte mit anderen Menschen wegen der Infektionsgefahr in den ersten Wochen unbedingt meiden. Dann die Fragen! Wie sollte ich dieses beklemmende Telefonat denn rekonstruieren?! Mir hatte jemand das Recht zu leben abgesprochen. Schlimmer noch, ich war beschuldigt worden, das Leben eines anderen Menschen auf dem Gewissen zu haben. Es war ein Alptraum.

Während der Ermittlungen erhielt ich Personenschutz. Viel war es nicht, worauf sich die Untersuchungen stützen konnten. Da mich die beiden Anrufe fast zur gleichen Zeit erreicht hatten, waren wir in der Lage, die Uhrzeit ziemlich genau zu bestimmen, und mit diesem Anhaltspunkt gelang es der Kriminalpolizei relativ schnell, mit Hilfe der Telekom-Rechner die Telefonnummer herauszufinden. Aber wir konnten nichts beweisen. Das sollte sich bald ändern.

Im Mai – ich war an dem betreffenden Tag zum Glück nicht zu Hause – beging die Frau, die sich Geraldine nannte, den Fehler, ihre Drohungen fast wortwörtlich auf unserem Anrufbeantworter zu wiederholen. Gespenstisch. Schon die Stimme! Sie war nicht schrill, eher eindringlich. Warnend. Kaltblütig. Wieder hörte ich, daß ich sterben sollte.

Es handelte sich um die gleiche Nummer wie beim ersten Mal, das ließ sich dank der auf dem Aufnahmegerät gespeicherten Uhrzeit kurzfristig ermitteln. Außerdem schickte die Kriminalpolizei das Band zur Sprachanalyse. Die Anruferin konnte aufgrund von Indizien überführt werden. Meine Transplantation hatte weder etwas mit der Frau noch mit ihrer Familie zu tun. Ich habe Strafanzeige erstattet. Jetzt liegt alles beim Staatsanwalt.

Es sei ja niemand zu Schaden gekommen, meinte ein Bekannter, der zufällig von der Geschichte erfuhr …

Manche Schäden sind weder sichtbar noch meßbar. Und doch hinterlassen sie Wunden, die schwer heilen. Für sie gelten Maßstäbe, die vielleicht nicht unbedingt immer etwas mit der Justiz, wohl aber mit Menschlichkeit zu tun haben. Doch wo kann man sie einklagen und bei wem? Wer bringt sie einem bei? Wo fängt sie an, und wo hört sie auf?

Uns allen wird etwas in die Wiege gelegt. Dazu kommt später harte mentale Arbeit, ohne die man in Prüfungen von vornherein verloren wäre. Wer glaubt, dem ausweichen zu können, wird von seinen Versäumnissen eingeholt. So oder so. Jeder geht anders mit einer Prüfung, also auch mit einer Krankheit um. Viele versuchen, das Schockerlebnis der Transplantation zu verdrängen und verschweigen es außerhalb der eigenen Familie. Andere flüchten in ein zwanghaftes Verhalten oder reagieren extrem aggressiv. Die Betroffenen standen gestern noch mitten im Leben, dann kam eine hartnäckige Erkältung, die sie nicht losgeworden sind, und plötzlich wird das Herz riesengroß. Sie werden in die Klinik eingeliefert, hören, daß sie totkrank sind und nur eine Transplantation helfen kann – natürlich haben sie enorme Schwierigkeiten. Nichts hat sie darauf vorbereitet. Sie kapseln sich ab oder retten sich in Aktionismus, immer ist es eine Flucht.

Einige Männer, mit denen ich mich im Krankenhaus unterhalten habe, vertrauten mir an, daß sie seit der Operation Potenzprobleme plagen. Nur wenige erkennen die psychische Ursache. Eben waren sie noch sehr aktiv und wurden gebraucht, nun sehen sie sich vom Ernährer der Familie zum Hausmann degradiert. Anstatt zu leben, leiden sie. Dabei können sie arbeiten, solange sie sich körperlich gut fühlen, und sie können auch Kinder zeugen. In dieser Hinsicht sind Frauen mit transplantierten Herzen weitaus stärker gehandicapt. Ihnen wird von einer Schwangerschaft unbedingt abgeraten, weil die Abstoßungsgefahr in diesen neun Monaten höchster physischer und psychischer Belastung viel zu groß wäre.

Auch ich mußte nach der Transplantation manches erst testen. Ganz allmählich fand ich zu einem neuen Tagesrhythmus. Mein Selbstvertrauen wuchs, meine Kondition steigerte sich. Ich setzte mein Studium weiter fort und wanderte zehn Kilometer beim Thüringer Rennsteiglauf mit. Die nächste »Tour der Hoffnung« für krebskranke Kinder war zu organisieren, diesmal wollte ich mich wieder direkt beteiligen und übte schon mal auf dem Mountainbike. Sie führte von Kassel nach Schierke, viele Sportler waren gekommen, die ich teilweise schon Jahrzehnte kannte. Fast ein Klassentreffen. Und am Ende erreichten wir auch das Klassenziel. An vier Tagen haben 150 Radler insgesamt 220 Kilometer zurückgelegt, ich mittendrin, die Ausreißversuche überließ ich diesmal jedoch den anderen. Jede Zwischenstation wurde zu einem kleinen Volksfest, bei dem die mitgereisten Künstler für eine tolle Stimmung sorgten und viele Leute mit ihren Auftritten anzogen. Wir gaben Autogramme, redeten mit dem Publikum über den Sinn unserer Aktion und sammelten Spenden. Ein Erfolg, wie ich ihn mag, weil er der Wirkung eines Lächelns ähnelt.

Wann immer es meine Zeit in den zurückliegenden Monaten erlaubte, lief oder walkte ich auf meiner alten Strecke im Erfurter Steigerwald. Viele nennen sie die Gauder-Schleife, da ich schon früher gern dort trainiert habe. Jeder wußte das. Oft werde ich gefragt, warum sie ausgerechnet 1390 Meter lang sei. Die Antwort glaubt mir heute kein Mensch: Für mehr Asphalt hat es nicht gereicht.

Vom höchsten Punkt des Steigerwaldes bietet sich ein wundervoller Ausblick – auf meinen geliebten Rennsteig und auf die Wachsenburg, wo wir 1976 unsere Hochzeit gefeiert haben. Hier entspanne ich mich, finde zu mir selbst und komme auf die besten Ideen. Es ist eine Laufstrecke mit dem absoluten Profil, ideal für einen Wechsel zwischen Anstrengung und Erholung. Der Mischwald und die Felder ringsumher ändern ihre Farben mit den Jahreszeiten. Wenn der Raps blüht, strahlt der Himmel gelb. Am Sonntagmorgen trifft man hier mehr Leute als in der Erfurter Innenstadt, und ich kenne sie alle.

Nach der Rehabilitation brauchte ich die Bewegung vielleicht mehr als je zuvor. Die immunschwächenden Medikamente wurden zwar nach einigen Monaten reduziert, aber es hatte sich eine Menge Wasser im Gewebe abgelagert. Anfangs erschrak ich, wenn ich in den Spiegel schaute. Das konnte nicht ich sein. Früher wog ich 68 Kilo, nach den Olympischen Spielen in Moskau sogar über vier Kilo weniger, und plötzlich blickte mir ein Mann entgegen, der aussah, als würde er sich mit Wonne auf jede Schweinshaxe stürzen. Hochleistungssportler, die eine Ausdauerdisziplin trainiert haben, kämpfen später mit Gewichtsproblemen. Mir sollte das nicht passieren, hatte ich mir 1993 nach meinem Ausstieg vorgenommen. Und nun das!

Inzwischen habe ich nicht nur mein Salat-Repertoire um einige Rezepte erweitert, sondern auch mein verändertes Gesicht akzeptiert. Der Rat, mir keine grauen Haare wachsen zu lassen, käme ohnehin zu spät. Seit sie sich während meiner Krankheit gezeigt haben, erstaunen sie mich nicht einmal mehr. Sie gehören einfach zu mir. Ein neuer Typ, warum nicht? Aufsehen errege ich damit höchstens als Student. Wenn alles gut geht, werde ich in diesem Jahr mein Diplom als Architekt machen und folglich doch nicht ins Guinness Buch der Rekorde kommen. Es soll tatsächlich Leute geben, die die Universität noch länger besucht haben als ich! Ich werde mich für das Vitalitätszentrum engagieren und hoffentlich bald auch Sportstätten entwerfen können. Seit einem dreiviertel Jahr unterstütze ich die Aktion »Sportler für Organspende«. Wer, wenn nicht ich? Vieles ist offen in meinem Leben, alles ist im Fluß.

Manche Leute verfluchen den Montag, weil sie noch vom Wochenende müde sind, manche den Freitag, weil sie von der Woche müde sind, und manche den Sonntag, weil sie schon voraussehen, daß sie wieder müde sein werden. Ich habe den ganz normalen Alltag selten so zu schätzen gewußt wie nach meiner endlos scheinenden Odyssee durch die Krankenhäuser. Ein Frühstück, ganz wie ich es brauche und mag, das Sitzen am Computer, der Einkaufszettel, Marcus' Dauertelefonate, der Klempner, der auf sich warten läßt, das Laub im Garten, ein Eichhörnchen auf meinem Weg im Steigerwald, Plänkeleien zwischen Marion und mir, die mitgebrachten Neuigkeiten am Abend und sogar die Müdigkeit, die mich manchmal unversehens überfällt. Kleine Dinge sind die Summe des Lebens, und so ist es auch mit dem Glück.

Im Oktober ließen wir die kleinen Dinge daheim zurück, für kleine Dinge an anderen Orten. Mein Zustand hatte sich so gut stabilisiert, daß mir die Ärzte den Urlaub in Spanien genehmigten. Eine Woche Fuerteventura. Wenn etwas passiere, wurde mir geraten, mich sofort im Krankenhaus zu melden und mich notfalls zurückfliegen zu lassen. Die dafür nötige Versicherung hatte ich abgeschlossen. Angst verspürte ich nicht, nur Vorfreude. Dann stieg ich dort aus dem Flugzeug, und mildes Klima empfing uns. Wie sollte ich dem widerstehen? Ich machte Walking, ging schwimmen, wanderte am Strand entlang, sammelte Steine und genoß jede einzelne Stunde. Um der Sonne auszuweichen, hätte ich im Zimmer bleiben müssen. Aber war ich dafür in den Urlaub gefahren? Zum ersten Mal seit meiner Operation spürte ich, wie etwas von uns abfiel und wir uns entspannten. Vielleicht, so hoffte ich, würde es uns ja gelingen, etwas Wärme für die kühleren Tage zu speichern.

Diese Gelassenheit wird mir nicht geschenkt. Sie ist anfechtbar. Ich muß etwas dafür tun. Indem ich mir Aufgaben suche und Ziele setze, indem ich mir helfe, wenn ich anderen helfe, indem ich Konflikten nicht ausweiche, sondern mich ihnen stelle. Indem ich mich bewege, körperlich und geistig. Indem ich weder das Staunen noch das Fragen verlerne. Indem ich lebe.

Als Sportler legte ich wöchentlich mindestens 250 Kilometer zurück, verbrauchte ich sechs bis acht Paar Schuhe im Jahr und hatte den Erdball nach dieser ganzen Zeit etwa viermal umrundet. Da gab es Anstrengung und Spaß, Individualismus und Gemeinsamkeit, Ehrgeiz und Idealismus, Niederlagen und auch Schönheit. Diese Bilder trage ich in mir wie einen Schatz, den ich vermehren möchte. Wenn alles klappt, werde ich im November endlich wieder zum New-York-Marathon fliegen. Tracy Sundlun, der Präsident des Metropolitan Athletic Congress, hatte mir nach der Transplantation Blumen geschickt. In dem Strauß steckte eine Karte: »Jeder grüßt Dich aus New York, wir lieben Dich, werd' bald gesund …« Jetzt schrieb mir Helene, die mich zusammen mit Ron Barber zu einem Walk-Man machte, daß Rons Sohn nach dem Tod seines Vaters den New-York-Marathon gern mit mir gemeinsam laufen würde.

Ron hat sich immer um alles und jeden gekümmert.

Nach meiner Ankunft ließ er es sich absolut nicht ausreden, meinen Koffer zu tragen. Wenn ich mich beim Marathon dem Ziel näherte, stand er schon da mit seiner Basecap, lachte und winkte mir zu. Ein vitaler Bursche. Toll! dachte ich, wenn ich ihn walken sah, und das alles mit einem Schrittmacher. Dabei war es ein transplantiertes Herz.

Mehr als zweiundzwanzig Jahre lebte ein Amerikaner mit einem Spenderherzen, bevor er von einem Lkw überfahren wurde. Den Namen dieses Mannes kenne ich leider nicht. Aber ich wäre ihm gern begegnet. Nun werde ich auf meine Fragen selbst eine Antwort finden müssen. Vielleicht sollte ich mich künftig vor Lkws in acht nehmen, was meinst du, alter Junge?

P. S. zur zweiten Auflage

Im Sommer hatte ich endlich mein Architekturdiplom in der Tasche, war restlos erschöpft und sehnte mich nach einer Insel. Aber mich lockte ein Ziel: New York! Ich startete bei den »Handicaps«, und Matthew, der Sohn von Ron Barber, lief neben mir. Dreizehn Meilen, dann ging nichts mehr. Also wartete ich und redete ihm gut zu. Wir trabten los, bis er wieder abreißen und sich fallen ließ. Zum Glück hatte ich Rons Mütze bei mir. Als Matthew sie erkannte, setzte er sie auf und rannte weiter. Am Ziel erwartete uns seine Mutter. Sie drückte mir eine Tüte in die Hand: »Hier, das ist von Ron.« Ich schaute hinein und schluckte. Mit genau so einem Bier hatte mich Ron immer empfangen!

Später bei der Siegerehrung erfuhr ich, daß ich disqualifiziert worden war. Ich hatte den Marathon in 6:16 Stunden zurückgelegt, zu schnell für die »Handicaps« …

Anhang

Bei Walking-Vorträgen, Sportveranstaltungen und Autogrammstunden werde ich häufig um Aufklärung oder Tips gebeten: Was ziehe ich zum Laufen an? Wie verhindere ich Seitenstiche oder Muskelkater? Bin ich nicht zu alt für Sport? Was ist eigentlich Gehen? Wie nehme ich ab, ohne zu hungern? Kann jeder Leistungssportler werden, der es will?

Einigen der häufigsten Fragen widme ich mich in diesem alphabetischen Anhang, der vielleicht dazu anregt, sich in einem speziellen Ratgeber ausführlicher über das jeweilige Thema zu informieren.

A wie Ausdauer

Joggen, Walking, Schwimmen, Radfahren und Skilanglauf sind die klassischen Ausdauerdisziplinen. Vernünftig betrieben, fördern sie positive Anpassungen im Bewegungsapparat, Herz-Kreislauf- und Immunsystem, in der Lunge und anderen Organen.

Ausdauer erhält man nur durch einen über einen längeren Zeitraum andauernden Belastungsreiz, der einen großen Teil der Körpermuskulatur beansprucht. Über sportliche Leistungen hinaus lassen sich auch viele Alltagsanforderungen mit Ausdauer konzentrierter und anhaltender bewältigen. Zu jeder Ausdauerbelastung gehören Warm up und Cool down. Das Aufwärmen sollte mit Gymnastik beginnen, das Abkühlen sollte unbedingt mit Dehnungsgymnastik beendet werden, dadurch wird der gelockerte Ausgangszustand wiederhergestellt. Denn während der Belastung verkürzt sich die Muskulatur.

Gesundheit ist eine Grundvoraussetzung für Ausdauersportarten, deshalb sollten Sie vor dem Trainingsbeginn eventuell mit einem Arzt Rücksprache halten.

Außerdem sollten Sie sich unbedingt ein möglichst genaues Bild von Ihrer aktuellen Leistungsfähigkeit machen.

B wie Bekleidung

Wetter und Jahreszeit bestimmen die Wahl der Bekleidung. Mit einem klassischen Trainingsanzug ist man immer gut beraten, am praktischsten sind enge Tights. Bei regnerischem, windigem und kaltem Wetter empfiehlt es sich, einen Wetterschutzanzug und Klimawäsche zu tragen. Der Wetterschutzanzug sollte aus wasserabweisendem leichtem Material bestehen und Lüftungsschlitze haben. Die Klimawäsche hat die Aufgabe, den Schweiß direkt vom Körper nach außen zu transportieren und den kalten Wind abzuhalten, um ein Auskühlen des Körpers zu verhindern.

C wie Chance

Das chinesische Wort für Krise besteht aus zwei Zeichen, die folgendes bedeuten: Chance und Gefahr. Ob sich eine Krise zum Guten oder Schlechten wendet, entscheiden wir mit unserem eigenen Verhalten. Jeder Tag ist eine Chance, jede neue Aufgabe, jede Begegnung mit einem Menschen. »Bonne chance!« wünschen sich die Franzosen. Viel Glück! Durch den Sport bot sich mir nicht nur die Chance, Fitneß zu erwerben, sondern auch, mich selbst zu erkennen, mich zu bewähren und aus Niederlagen zu lernen. Er half mir, an meinen Charaktereigenschaften zu arbeiten, und verhalf mir zu Ausdauer, Kampfgeist, Disziplin, Fairneß, Zielbewußtsein, Ordnung, Kontaktfreudigkeit und Respekt vor anderen Menschen.

D wie Diäten

Wer sich ausgewogen ernährt und bewegt, braucht keine Diät. Eine gesunde Mischkost aus Gemüse, Obst, Getreide, Milchprodukten, Salaten, Fisch oder magerem Fleisch ist die beste Ernährung.

Aus Kohlehydraten und Fett wird mit Hilfe von Sauerstoff hauptsächlich Energie gewonnen, die Körpersubstanz überwiegend aus Protein.

Anders als im Wettkampf sollten die Leistungsreserven des Körpers in Trainingszeiten nicht angegriffen werden. Nach dem Training kommt es darauf an, den Körper rasch wieder fit zu machen. Das bedeutet, die Energiespeicher sollten vor jeder Trainingseinheit gut gefüllt sein und nachher, ebenso wie die Nährstoffspeicher, so rasch wie möglich wieder aufgefüllt werden. Je höher der Trainingsumfang in Dauer und Intensität, desto wichtiger ist es, die ganze Palette unentbehrlicher Nährstoffe parat zu haben. Für die Ernährung eines ausdauerorientierten Sportlers im Trainingsalltag bedeutet dies:

1. kohlehydratreiche Ernährung, das heißt sechzig Prozent Kohlehydrate, 25 bis dreißig Prozent Fett, zehn bis 15 Prozent Eiweiß. Bei mir lag der Kohlehydratanteil oft sogar noch etwas höher.
2. rasches Wiederauffüllen der Flüssigkeitsspeicher und Ausgleich des durch das Schwitzen entstandenen Mineralstoffverlustes während und nach dem Training.
3. vitaminreiche Ernährung als wichtiger Garant von Leistungsfähigkeit und Gesundheit.

Diese Prinzipien lassen sich sehr leicht verwirklichen, wenn Vollkornprodukte, frische Salate, frisches einheimisches Obst und Gemüse und in Maßen tierische Produkte in Form von Milcherzeugnissen, Fisch, Eiern und Fleisch verwendet werden.

Bei der Verteilung der Mahlzeiten über den Tag habe ich darauf geachtet, daß die Einnahme der letzten Hauptmahlzeit etwa zwei bis drei Stunden und die der Zwischenmahlzeit mindestens ein bis zwei Stunden vor dem Training erfolgte. Weder mit hungrigem noch mit überfülltem Magen läßt sich gut Sport treiben.

E wie Elektrokardiogramm (EKG)

Eine Herzmuskelschädigung kann durch ein Elektrokardiogramm (EKG) festgestellt werden. Allerdings wird dabei nur die eingetretene Veränderung, nicht aber die Ursache aufgezeigt.

Es ist eine schmerzlose Untersuchung, deren Ergebnis bei einem Langzeitelektrokardiogramm besonders aussagekräftig ist. Das walkmangroße Gerät, das während der Untersuchungszeit am Körper getragen wird, zeichnet in der Regel über einen Zeitraum von 24 Stunden alle Unregelmäßigkeiten des Herzschlags kontinuierlich auf.

Ab einem Alter von etwa 35 Jahren sollte sich jeder in regelmäßigen Abständen einem Belastungs-EKG unterziehen. Dies geschieht im Normalfall auf einem Standfahrrad (Ergometer). Diese Variante des EKGs ist insofern wichtig, als manche Symptome ohne Belastung nicht vorhanden sind.

Werden Probleme erkannt, wird unter Umständen eine Herzkatheter-Untersuchung durchgeführt werden. Dabei wird unter Röntgenkontrolle von der Leiste aus ein dünner Katheter durch ein Blutgefäß bis in das Herz vorgeschoben. Dort werden die Blutdrücke des Herzens sowie der großen Gefäße gemessen. Anschließend wird unter Verwendung eines Kontrastmittels eine Röntgenuntersuchung des Herzens (Angiographie) durchgeführt. Dabei läßt sich nachweisen, ob eine Verengung der Herzkranzarterie vorliegt.

F wie Füße

Bei den meisten der genannten Ausdauersportarten werden unsere Füße sehr strapaziert, deshalb müssen sie gepflegt werden. Die Füße hin und wieder eincremen, nach einem anstrengenden Tag ein Fußbad nehmen und die Füße massieren. Schon das Rollen mit den Fußsohlen über ein Stück Holz löst ein Gefühl des Wohlbefindens aus. Das beste ist natürlich ab und zu eine professionelle Fußpflege und Massage.

Barfußgehen im Gras mit frischem Tau, auf Sandboden oder ähnlichem Untergrund wirkt Wunder.

Beim Schuhkauf sollten folgende Kriterien unbedingt beachtet werden:

- die richtige Schuhinnenlänge;
- genügend Spielraum für die Zehen;

– Ballenpunkt an der richtigen Stelle;
– optimaler Halt für die Ferse;
– atmungsaktives Material.

G wie Gesundheit

Gesundheit ist kein Dauerzustand, sondern ein lebenslanger Prozeß, den jeder selbst beeinflussen kann. Sogar nach etwa 120 000 Kilometern zu Fuß vermag ich nicht zu sagen: Jetzt habe ich genug für meine Gesundheit getan. Auch für mich gilt: mobil sein, mobil bleiben. Sport, möglichst kontinuierlich betrieben, dient der Entspannung, erhöht die Abwehrkräfte, verbessert das seelische Wohlbefinden und hilft, einen aktiven Lebensstil zu finden. Er bedeutet aber auch Arbeit für Herz und Kreislauf.

Wenn die Belastung zu gering ist, hat der Sport kaum positive Einflüsse auf Gesundheit und Fitneß. Eine zu hohe Belastung wirkt dagegen sogar eindeutig negativ. Wichtig ist es, genau das richtige Maß für sich herauszufinden.

Gesundheit ist ein Besitz, der ständig neu erarbeitet werden muß, auch vorbeugend. Das punktuelle Beheben von gesundheitlichen Problemen ist der falsche Weg. Sie können nur richtig beseitigt werden, wenn man seinen Körper als Ganzes betrachtet und behandelt.

H wie Harmonie

Harmonie ist für mich ein elementares, unverzichtbares Lebensgefühl. Es gibt mir Schwung, belebt mich, öffnet mir Perspektiven für die Zukunft. Im Einklang mit der

Umwelt fällt es einem leichter, Spielregeln zu beachten, sich von Fairneß leiten zu lassen, andere zu respektieren und sein Gegenüber nicht zu verletzen. Streit, Streß, Ärger – lauter Risikofaktoren für die Gesundheit. Harmonie bedeutet für meine Seele das gleiche wie Sonne und Luft für meinen Körper.

I wie Intensität

Die erste Form der Intensität einer sportlichen Betätigung heißt: bewegen statt belasten. Die zweite Form: bewegen und dosiert belasten. Erst nach einer längeren Trainingsphase sollte man mit einem intensiven Belastungstraining beginnen. Dabei ist das subjektive Belastungsgefühl das Hauptkriterium. Eine Faustregel für jeden Freizeitsportler: Lieber etwas langsamer, aber dafür ein paar Minuten länger.

Eine Möglichkeit der Selbsteinschätzung sind Leistungstests. Deren Ergebnisse bilden die Grundlage für jede Belastungsempfehlung. Den in diesem Zuammenhang sehr empfehlenswerten Walking-Test finden Sie zusammen mit anderen in: Klaus Bös, »Fitneß testen und trainieren«.

Ein Anfänger sollte sich im Training nicht mehr als sechzig Prozent seines Leistungsvermögens abverlangen, und auch versierte Fitneß- und Langstreckenläufer sollten den größten Teil des Trainings im Bereich von sechzig bis 75 Prozent absolvieren – also langsamer, als die meisten glauben.

J wie Jogging

Anfänger neigen dazu, viel zu schnell zu laufen, um erfolgreich zu joggen. Der Puls darf eine bestimmte Frequenz nicht übersteigen. Hecheln und Prusten ist nicht angesagt, es gilt der Talk-Test: Man sollte immer in der Lage sein, sich während des Joggens mit seinem Laufpartner zu unterhalten. Trainierte Jogger können den Effekt steigern, indem sie ihren Kalorienverbrauch steigern.

In den USA hat Walking die Jogging-Bewegung bereits abgelöst. Die gesundheitlichen Vorteile des Walkings liegen auf der Hand. Aber wer sich beim Walking unterbelastet fühlt, der sollte seiner Lust freien LAUF lassen.

K wie Kinder

Es gibt heutzutage viel zu wenig Bewegungsmöglichkeiten für Kinder. Die wenigsten haben einen Wald oder einen Park in ihrer Nähe. Im Städtebau und in der Stadtplanung spielen solche Anlagen eine untergeordnete Rolle. Dadurch wachsen Kinder zunehmend in einer virtuellen Umwelt auf, die ihnen kaum einen Spielraum für kreatives, natürliches Handeln bietet. Computer und Fernseher verdrängen wichtige Aktivitäten, die für ihre Entwicklung so bedeutsam wären.

Deshalb brauchen Kinder Sport. Durch ihn wird verlorengegangenes Aktionspotential mit Reiz- und Aufforderungscharakter (wie etwa ein Wald) ersetzt. Fehlende Übungs- und Bewegungsmöglichkeiten können nur so ausgeglichen werden. Geschieht dies nicht, hat das weitreichende soziale und emotionale Konsequenzen.

Durch Sport lernen sie selbständiges Handeln und

können komplexe Erfahrungen sammeln. Leistung im Sinne selbstbestimmten Handelns und spielerisch vermittelte körperliche Belastung sollten im Vordergrund stehen. Die sportliche Betätigung muß den Kindern angepaßt werden und nicht umgekehrt.

L wie Leistungssport

Wie wird man eigentlich Leistungssportler? Denke ich an meine eigenen Anfänge zurück, gibt es keinen speziellen Zeitpunkt. Irgendwann begann ich, die wöchentlichen Trainingsresultate zu vergleichen und die gelaufenen Zeiten zu notieren. Für viele ist ein Schlüsselerlebnis der Auslöser. Beispielsweise wenn es den Wunsch weckt, einmal einen sportlichen Wettkampf in New York zu bestreiten. Nach und nach wird aus dem Hobbysportler ein Leistungssportler, auch wenn er selbst es noch gar nicht bemerkt. Die Athleten, deren Namen man aus Zeitungen und deren Gesichter man vom Fernsehen kennt, bilden nur die von den Medien beachtete Spitze einer riesigen Pyramide. Täglich unterziehen sich unzählige unbekannte Leistungssportler einem harten Training. Sie versuchen, ebenso intensiv und umfangreich zu trainieren, wie es die Champions tun. Wenige von ihnen werden den Sprung zu nationaler und internationaler Anerkennung schaffen, aber sie vollbringen ebenfalls Spitzenleistungen. Leistungssport ist mehr als der Kampf um Rekorde und Medaillen, er ist der Sieg des eigenen Ichs über sich selbst, das Überwinden von persönlichen Leistungsgrenzen.

Wer sich entschlossen hat, das Training auf ein bestimmtes Ziel auszurichten, sollte die aufgewendete Zeit auch sinnvoll einsetzen. Das erfordert Organisation.

Sie sollten unbedingt ein Trainingsbuch anlegen. Darin werden alle Trainingsdaten festgehalten, aber auch wichtige Zusatzinformationen zur Trainingseinheit, wie Witterung, allgemeines subjektives Befinden, Körpergewicht, Ruhepuls und einige kurze Angaben dazu, inwiefern das Training als anstrengend empfunden wurde. Eine Anleitung für das Führen eines Trainingstagebuchs finden Sie bei Waldemar Cierpinski, »Jogger und Sieger«.

M wie Muskelschmerzen

Durch Fehlbelastungen kommt es zu Störungen des inneren Gleichgewichts sowie zu Schmerzen. Daraus entwickeln sich dann von uns kaum bemerkte Schonhaltungen oder sogar ein Muskelschwund, auf den schlimmstenfalls mit Medikamenten reagiert werden muß. Besser sind gezielte muskelaufbauende Übungen, die auch die Ursache beseitigen.

Ebenso wichtig wie Ausdauer und Kräftigungsübungen ist die Verbesserung der Dehnungsfähigkeit der Muskulatur. Beim Stretching sollte man darauf achten, sich nie ruckartig zu bewegen, sondern die Übungen langsam, konzentriert und bewußt durchzuführen. Bei ruckartigen Bewegungen ist die Gefahr einer Verletzung sehr groß. Zudem verfügt unser Körper über einen natürlichen Schutzreflex, welcher automatisch eine Gegenspannung auslöst. Eine Verspannung ist die Folge. Übungen zur Dehnung dienen gleichzeitig unserer Motorik und Koordination. Wie bei den Kräftigungsübungen gilt auch hier: Preßatmung vermeiden, bei Belastung aus- und bei Entlastung einatmen.

Manchmal kann es schon vorkommen, daß Seitenstiche auftreten. Sie können verschiedene Ursachen haben:

- zu viel, falsch oder zu kurz vor dem Training gegessen und getrunken;
- mangelndes Bauchmuskeltraining und dadurch vorzeitige Ermüdung der an der Atmung beteiligten Zwerchfellmuskulatur;
- zu schnell losgelaufen oder gewalkt.

Seitenstiche bedeuten, daß ruckartig Blut aus der Milz geströmt ist oder die Leber zu stark durchblutet ist und sich überdehnt. Also langsamer laufen! Manchmal hilft es, den Bauch an der schmerzenden Stelle zu pressen oder den gegenüberliegenden Arm zu heben und bewußt durch die Nase ein- und durch den Mund hörbar auszuatmen. Niemand muß Rekorde brechen. Man kann die Übung zu jeder Zeit unterbrechen oder stehenbleiben, bis die Probleme behoben sind.

Wenn man mit einer dieser Geher-Sportarten beginnt, können anfänglich Schmerzen im Schienbein auftreten. Keine Hektik. Einfach kurz stehenbleiben. Ein leichtes Ausstreichen der Schienbeinmuskulatur mit den Handballen oder ein Fußrollen genügen oft. Besonders Anfällige sollten beim Warm up speziell auf diese Muskelpartie achten. Zum Laufen oder Gehen sollten sie zunächst einen weichen Untergrund wählen und nach der sportlichen Betätigung mit Warm-Kalt-Wechselbädern die Verspannungen beseitigen. Nach wenigen Übungsstunden sind Schienbeinschmerzen erfahrungsgemäß kein Thema mehr.

N wie Nährstoffe

Kohlehydrate sind die Hauptenergieträger. Bei der Eiweißzufuhr sollte man darauf achten, daß man sowohl pflanzliches als auch tierisches Eiweiß zu sich nimmt.

Fett ist in der Regel genügend in der normalen Nahrung versteckt. Vitamine sind bei ausgewogener Ernährung ebenfalls ausreichend vorhanden. Mineralstoffe, die vorrangig über den Schweiß verloren gehen, können durch elektrolythaltige Getränke nach einer sportlichen Betätigung leicht ersetzt werden.

O wie olympisches Gehen

Das sportliche Gehen (Race Walking), als Wettkampfsport verstanden, ist eine der ältesten Disziplinen bei Olympischen Wettkämpfen. Bei den Olympischen Spielen werden die zwanzig und die fünfzig Kilometer bei den Männern und die zehn Kilometer bei den Frauen als Wettkampfstrecke bestritten. Auf der 50-Kilometer-Distanz erreichen Spitzengeher eine Durchschnittsgeschwindigkeit von ungefähr 3,8 m/s. Grundregel ist eine ständige Bodenberührung. Dabei setzt das nach vorn geschwungene Bein mit der Ferse auf und ist im Kniegelenk gestreckt; erst nach dem Aufsetzen der Ferse darf das hintere Bein vom Boden gelöst werden. Verstöße gegen diese Regeln werden vom Kampfgericht mit Disqualifikation geahndet.

P wie Puls

Die beste natürliche Kontrolle der Belastung ist das Beobachten des Pulses. Er ist der am leichtesten zu ermittelnde Parameter zur Steuerung der Belastung. Man sagt: Pulsmessung geht vor Zeitmessung.

Die Herzfrequenz wird ermittelt, indem man am Handgelenk, an der Halsschlagader oder an der Herzspitze mit Hilfe von Mittel- und Ringfinger 15 Sekunden lang den Pulsschlag zählt und mit 4 multipliziert. Die manuelle Pulsmessung erfordert etwas Übung und birgt auch Fehlerquellen, deshalb lohnt es sich, während des Trainings ein Polar-Herzfrequenzmeßgerät zu tragen. Dadurch hat der Läufer seinen Puls und die Intensität des Trainings ständig im Blick und läuft nicht Gefahr, sich zu überlasten.

Zur subjektiven Kontrolle der Trainingsbelastung dienen auch die Reaktionen des Körpers, wie etwa Atembeschwerden, die auf eine zu hohe Geschwindigkeit hinweisen.

R wie Regeneration

Von einer wohligen Ermüdung am Ende einer dosierten sportlichen Belastung erholen wir uns schnell. Schon nach dem Löschen des Durstes und einer Dusche fühlen wir uns eindeutig besser. Wichtig ist es, sich gleich der verschwitzten Sachen zu entledigen, wegen möglicher Unterkühlungs- und somit Erkältungsgefahr. Körper und Geist sollte man aber etwas mehr Pflege zukommen lassen. Eine Bürstenmassage (weich und elastisch mit einer Naturbürste von unten nach oben bürsten) und Wechselduschen (warm beginnen, kalt enden) helfen bei der Entspannung und fördern die Durchblutung. Auch ein Vollbad fördert die passive Entspannung. Die Temperatur sollte zwischen 37 und 39 Grad liegen, auf keinen Fall über vierzig Grad. Das Bad sollte nicht länger als zwanzig Minuten dauern.

Kleine Regenerationsmassagen können eigenhändig durchgeführt werden:

– Kopfmassage: mit den Fingerspitzen;

- Schultermassage: Armschwünge zur Lockerung, kneten und streichen;
- Ober- und Unterarme: ausstreichen und kneten;
- Hand: ausstreichen, kneten, aktiv ausschütteln;
- Rumpf: Reiben der Lendenwirbelsäule;
- Gesäßmuskulatur: flächiges Greifen;
- Bauch: im Uhrzeigersinn ausstreichen;
- Oberschenkel: Kneten, Ausstreichen, flächiges Zugreifen;
- Unterschenkel: Kneten, Ausstreichen, Schütteln der Wade;
- Schienbeinmuskulatur: leicht ausstreichen mit dem Handballen;
- Fuß: Ausstreichen, Kneten des Außenrandes des Fußinneren.

Auch der Besuch einer Sauna ist zu empfehlen. Die Belastung entspricht im Höchstfall langsamem Jogging. Herz-Kreislauf-Kranke sollten trotzdem vorher unbedingt ihren Arzt konsultieren. Die erste Anpassung sollte vorsichtig erfolgen, zum Beispiel mit einem warmen Fußbad und Abkühlung unter einer lauwarmen Dusche.

S wie Senioren

Es ist nie zu spät, mit einer sportlichen Betätigung zu beginnen – es muß nur die richtige sein. Die Belastung sollte im Alter nicht in reine Muskelarbeit ausarten. Ziel sollte es vielmehr sein, das allgemeine physische und psychische Wohlbefinden zu fördern. Gymnastik fördert die Beweglichkeit des Körpers. Eine bewegliche Muskulatur bedeutet gleichzeitig eine verbesserte Durchblutung der Muskulatur und vermindert das Risiko der Überbelastung beziehungsweise einer Verletzung. Empfehlenswert sind Wandern oder Walking, beide fördern die Ausdauer, also die Kondition. Schwimmen, Radfahren in einem Ausmaß, das der körperlichen Konstitution entspricht, sowie Tennis sind ebenfalls möglich. Die Freude an der eigenen Leistungsfähigkeit ist dabei bedeutsamer als ein Streben nach Leistungsverbesserung. Ich rate allen, sich Zeit zu nehmen, regelmäßig zu üben und jeden Fortschritt zu genießen, mag er auch noch so klein scheinen.

U wie Unfall

Leider kann es bei aller Vorsicht trotzdem zu einem Sportunfall kommen. Dabei ist es wichtig, schon am Unfallort die richtigen Maßnahmen zu ergreifen. Bei typischen Sportverletzungen wie Prellungen, Verstauchungen, Zerrungen und Bänderdehnungen kommt es zunächst darauf an, Schwellungen und Blutergüsse weitestgehend zu vermeiden. Eine sofortige Kompression, notfalls mit der Hand, und eine Kältebehandlung ist zu empfehlen.

Sportverletzungen sollte man nicht auf die leichte Schulter nehmen. Nur ein Arzt kann die endgültige Diagnose stellen und die richtige Therapie einleiten, die den Heilungsprozeß beschleunigt. Wer achtlos damit umgeht, überschätzt seinen eigenen Körper, und die nächste Verletzung ist schon programmiert.

V wie Venen

Es wird geschätzt, daß ungefähr fünf Millionen Menschen in Deutschland Probleme mit den Beinvenen haben. Wobei Besenreißer und Krampfadern nur der sichtbare Teil der Erkrankung sind. Es bieten sich Bewegungstherapien, wie zum Beispiel Venen-Walking, an. Beim Venen-Walking ist es notwendig, auf eine bewußte Körperhaltung, den Schrittrhythmus, die Gehgeschwindigkeit, die Fußstellung, den Armeinsatz und vor allem das kontrollierte Aufsetzen und Abrollen des Fußes zu achten, weil gerade damit Vorgänge aktiviert werden, die wichtig sind, um venöses Blut besser abfließen zu lassen. Gleichzeitig erfolgt eine Kräftigung des Binde- und Stützgewebes. Durch Venen-Walking ist es möglich, sich physische Leistungsfähigkeit zu erarbeiten, ohne sich zu überanstrengen.

W wie Walking

Aus den USA stammend, gewinnt Walking auch in Deutschland immer mehr Anhänger. Walking heißt gehen. Es ist eine moderate Form der sportlichen Betätigung, frei von Leistungsdruck und dem Streben nach Wettkampfleistungen. Der Körper wird dabei universell beansprucht und gewinnt an Ausdauer. Eine Technik muß nicht erlernt werden, aber man muß auf eine bestimmte Körperhaltung, den Rhythmus, die Gehgeschwindigkeit und den Armeinsatz achten.

Es ist angenehmer, im Grünen zu walken, aber ebenfalls möglich, dies vor geöffnetem Fenster in einem Zimmer zu tun. Die erzielten Effekte umfassen die Psyche ebenso wie körperliche Fitneß. Das Körpergewicht kann reduziert, die Ausdauer verbessert, das Selbstwertgefühl gesteigert werden. Walking schont die Gelenke und ist deshalb sogar für Menschen, die Risikogruppen zugeordnet werden, geeignet. Detailliertes Material kann beim Deutschen Leichtathletik-Verband angefordert werden.

X wie XXL

Nicht nur Frauen plagt die Frage: Bin ich zu dick? Schnell wird auf Vererbung oder schwere Knochen verwiesen. Egal, welche Rolle die Gene dabei spielen: Nicht das Übergewicht, sondern die Veranlagungen dazu haben wir geerbt. Das heißt, Übergewichtige sind ihrem Schicksal nicht ohnmächtig ausgeliefert. Es gibt verschiedene Möglichkeiten, etwas dagegen zu tun. Welchen Risiken sich Übergewichtige aussetzen, ist bekannt. Bewegung und eine gezielte Ernährung ermöglichen es, etwas dagegen zu unternehmen.

Man muß aber auch wissen, daß die Badezimmerwaage nicht die volle Wahrheit sagt. Denn sie erkennt nicht, ob es sich um zu viel Fett oder um aktive Muskelmasse handelt. Am Ende entscheidet das Wohlfühlgewicht.

Y wie Yoga

Das Wort »Yoga« stammt aus dem altindischen Sanskrit. Es ist eine mehr als 2000jährige Methode, um mit Hilfe von bewußter Atmung, Gymnastik und Meditation zu einem körperlichen, geistigen und emotionalen Gleichgewicht zu finden. Immer mehr Menschen klagen darüber, nicht abschalten zu können. Yoga bietet Möglichkeiten, sich zu entspannen, achtsamer und gleichzeitig gelassener zu werden. Die Übungen werden stehend, sitzend, knieend oder liegend ausgeführt. Sie beruhigen und beleben, fördern die Durchblutung des Gehirns, die Beweglichkeit der Gelenke, die Sehkraft und können sogar zur Heilung einzelner Körperbereiche eingesetzt werden. Alles geschieht in einem harmonischen Wechsel von Spannung und Entspannung, denn Yoga zielt auf eine ausgewogene Lebensweise ab.

Z wie Zeit

Für den Leistungssportler ist nicht nur die Zeit wichtig, in der eine Leistung erbracht wird, sondern auch die Zeit der Erholung.

Zeit spielt für jeden Menschen eine große Rolle. Einmal möchte man so wenig wie möglich für sich beanspruchen, zum Beispiel bei einem sportlichen Wettkampf, ein anderes Mal soviel wie möglich besitzen, wie Lebenszeit. Früher habe ich den Tag um die sportliche Betätigung herum organisiert, jetzt organisiere ich den Tag, um auch noch Zeit für die sportliche Betätigung zu finden. Sie ist kostbar für mich – als Lebenszeit.

Kontaktadressen

Arbeitskreis Organspende (AKO), Neu-Isenburg
Telefon: 0 61 02-35 90
Fax: 0 61 02-35 94 10

Kostenloser Informations-Service:
Telefon: 01 30-91 40 40

Bundeszentrale für gesundheitliche Aufklärung (BzGA), Köln
Telefon: 02 21-8 99 20
Fax: 02 21-8 99 23 00

Dialysepatienten Deutschlands e. V. (DD), Mainz
Telefon: 0 61 31-8 51 52
Fax: 0 61 31-83 51 98

Bundesverband der Organtransplantierten e. V. (BDO), Duisburg
Telefon: 02 03-44 20 10
Fax: 02 03-44 21 27

Deutscher Leichtathletik-Verband
Referat Breitensport
Postfach 11 04 63
64219 Darmstadt